Verena Kast

# Lebenskrisen werden Lebenschancen

Verena Kast

# Lebenskrisen werden Lebenschancen

Wendepunkte des Lebens aktiv gestalten

Herder
Freiburg · Basel · Wien

Gedruckt auf umweltfreundlichem,
chlorfrei gebleichtem Papier
Alle Rechte vorbehalten – Printed in Germany
© Verlag Herder Freiburg im Breisgau 2000
Herstellung: Freiburger Graphische Betriebe
ISBN 3-451-27204-0

# Inhalt

Einleitung .................................... 9

**Die zivilisatorische Schlüsselqualifikation:
Mit Angst und Krisen umgehen** ............. 13

**Einschnitte und Krisen im Lebenslauf** ......... 19

Zum theoretischen Verständnis ............. 21
Der schöpferische Prozeß ................. 22
Das zukunftsweisende Element in der Krise ...... 25

**Charakteristika von Übergangsphasen** ......... 29

**Symbole des Übergangs** ................. 35
Das Erdkühlein ....................... 35
Der Eisenhans ....................... 40
Vergleich der Übergangssituationen ........... 43

**Die labile Phase auf der Höhe der Krise** ......... 49

**Vom Umgang mit der Angst** ............... 53
Angst teilen und Kompetenzen sammeln ........ 62

# Inhalt

**Der Trauerprozeß als Lebensübergang** ......... 65
Die Notwendigkeit zu trauern ............... 66
Trennung und Trauer ................... 68
Trauern als Prozeß .................... 69

**Lebensübergänge und Zäsuren im Alltag** ........ 83

**Das Klimakterium der Frau** ............... 85
Ein Lebensübergang im mittleren Erwachsenenalter .. 86
Die ganz besondere Dringlichkeit ............ 88
Das Klimakterium ..................... 91
Wandlungen im Körper ................ 92
Wandlungen in der Psyche .............. 94
„Ich kenne mich nicht mehr..." ........... 94
Das Klimakterium: auch ein psycho-sozialer
Lebensübergang .................... 98
Die sogenannte „empty-nest" Depression als ein
Phänomen des Übergangs ............... 99
Das eigene Selbst: der Blick zurück in die
Adoleszenz des Mädchens .............. 105
Individuation: Das eigene Selbst ........... 108

**Trennungsprozeß und Abschiedsrituale** ......... 115
Der Trauerprozeß bei Trennungen durch Entschluß .. 115
Die Schuldgefühle .................... 116
Ein erstes schwieriges Abschiedsritual:
Die Wirkungsgeschichte erzählen –
statt Schuldgefühle herumzuschieben ........ 117
Die Suche nach der Substanz der Beziehung ...... 123
Abschiedsrituale ..................... 126
Rituale des Verzeihens und Versöhnens ....... 126

# Inhalt

Entgrollungsrituale .................. 127
Versöhnung und Dankbarkeit ........... 128
Symbolische Rituale ................ 130

**Vom Umgang mit der Krise und vom Finden der Ressourcen** ........................ 133
Die Angst hat viele Gesichter ............. 135
Das Umgehen mit der Angst ............ 136
Das Sprechen über die Angst ............ 139
Vom Sprechen über die Angst in Beziehungen ..... 145
Krisenkompetenz ..................... 147
Ressourcen finden ................... 150
Imagination als Ressource ............... 153
Vorstellungsräume .................... 154
Was ist auszuhalten? .................. 166
Die soziale Unterstützung als Ressource ........ 160

**Krisenbewältigung im Umgang mit Sterbenden** .... 163
Mögliche Reaktionen ................. 163
Die extreme Lebenssituation ............. 165
Was könnten die Chancen sein? ........... 170

**Schlußbemerkungen** .................. 173

**Danksagung** ....................... 179

**Anmerkungen** ...................... 181

**Literatur** ......................... 187

7

# Einleitung

Wir Menschen sind übergangsgewohnt: Viele Lebensübergänge vollziehen sich fast unbemerkt und sind erst im Rückblick als solche wahrzunehmen. So werden wir Schulkinder, werden berufstätig, werden erwachsen, älter, werden Eltern, Großeltern, wir ziehen um, wechseln den Arbeitsplatz, die Freunde, wir feiern aber auch den jeweiligen Jahreswechsel. Dieselben Lebensübergänge können uns aber auch innerlich zu schaffen machen, können als Zäsuren im Lebenslauf erlebt werden, verbunden mit Schmerz und Unsicherheit. Andere Lebensübergänge, wie etwa der Tod eines uns nahen Menschen, verlaufen nie ohne eine deutliche Zäsur, und wir sind dann nicht mehr dieselben, die wir zuvor waren, wir mußten uns wandeln, ob wir das wollten oder nicht.

Auch wenn es zum Menschen gehört, daß er immer wieder Übergänge zu bewältigen hat, diese sind bedeutsame Schlüsselstellen des Lebens, da kann Leben gelingen oder auch mißlingen. Aber in einem neuen Lebensübergang kann auch korrigiert werden, was bei einem früheren Übergang nicht möglich war, ein Lebensthema, das damals nicht aufgenommen werden konnte, jetzt ins Leben integriert werden. Und so werden Lebensübergänge, die oft auch mit Krisen verbunden sind, werden sie bearbeitet, zu bedeutsamen Lebensereignissen, zu wichtigen Meilensteinen in der eigenen Entwicklung.

## Einleitung

Wir sind diesen Lebensübergängen nicht einfach ausgeliefert: Wir wissen viel über den Ablauf von Lebensübergängen, über die Schwierigkeiten und die Chancen, die in ihnen liegen. Einiges von diesem Wissen habe ich in diesem Buch zusammengetragen. Dabei geht es mir immer auch darum, daß nicht nur die Übergangsphasen und Krisen in ihrer Dynamik beschrieben werden, sondern daß diesen existentiellen menschlichen Themen auch in symbolischen Geschichten nachgespürt wird. Die symbolischen Geschichten eröffnen nicht nur eine weitere Perspektive auf diese Übergangssituationen, sondern sie wecken auch Bilder des Übergangs in der eigenen Psyche. Ob man Lebensübergänge und Krisen theoretisch zu erfassen und zu beschreiben versucht oder ob man sie in symbolischen Texten aufspürt: zentral ist dabei immer der Umgang mit der Angst. Ein wesentlicher, gelegentlich vernachlässigter Aspekt des Umgangs mit Lebensübergängen ist die Thematik des Loslassens dessen, was vorbei ist. Ein gutes Loslassen, das auch bewirkt, daß man sich wieder neu einlassen kann auf das Leben, ist exemplarisch in den Trauerprozessen dargestellt.

Im zweiten Teil dieses Buches habe ich mich mit Lebensübergängen im Alltag beschäftigt. Diese sollen die mehr theoretischen Überlegungen des ersten Teils des Buches illustrieren. Als Lebensübergänge im Alltag habe ich das Klimakterium gewählt, die Trennung von einem Partner durch Entschluß und die Krisen, die durch eine lebensbedrohliche Krankheit ausgelöst werden. Auch hier geht es um den Umgang mit der Angst, aber auch darum, daß in schwierigsten Krisensituationen immer auch wieder Ressourcen gefunden werden können, daß durch das bewußte

Gestalten von Umbruchssituationen auch neue Perspektiven auf das eigene Leben gefunden werden können, vor allem aber auch, daß Aspekte der Persönlichkeit, die im Laufe des Lebens verloren gegangen sind, durch die Herausforderungen eines Lebensübergangs wieder ins Leben hereingeholt werden können.

## Die zivilisatorische Schlüsselqualifikation: Mit Angst und Krisen umgehen

Das „eigene" Leben ist heute ein experimentelles Leben, so der Sozialwissenschaftler Ulrich Beck. Was heißt das? Überlieferte Rezepte und Rollenstereotypien versagen in einer unübersichtlich gewordenen und schnellebigen Gesellschaft. Wie die Zukunft einmal aussehen wird, kann nicht mehr aus der Gegenwart oder gar der Vergangenheit abgeleitet werden. Vorbilder für die eigene Lebensgestaltung sind kaum mehr zu finden.

Das eigene individuelle Leben und das soziale Leben müssen aufeinander immer wieder neu abgestimmt werden. Für das Erleben des einzelnen Menschen kann dies durchaus eine große Freiheit sein. Doch die Befreiung aus vielen Normen und Erwartungen, die zu erfüllen sind, kann auf der anderen Seite auch als große Anforderung, ja als Überforderung gesehen und erfahren werden: Der heutige Menschen muß auf eine neue Weise das „eigene" Leben leben.[1]

Beck liefert mit diesem Begriff vom „eigenen Leben" eine Zeitdiagnose, die er breit auffächert. Doch folgender Gedanke scheint mir besonders wichtig: In einer Zeit, in der das Individuum in hohem Maße vergesellschaftet ist und die unterschiedlichsten Ansprüche in Beruf, Familie, Freizeit usw. erfüllen muß, muß es sich auch um ein von Institutionen unabhängiges Leben kümmern. Es ist dies ein Leben, in das man nicht einfach hineingeboren ist, sondern für das man selber etwas tun muß. So galt es in früheren Zeiten als selbstverständlich, daß ein Beruf, der über Generationen in der gleichen Familie ausgeübt wurde, zumindest von einem Familienmitglied weitergeführt wird. Heute ist die Wahrscheinlichkeit groß, daß diese Kontinuität unterbrochen wird. Auch wenn die Frauen in vielen aufeinander folgenden Generationen Mütter und Hausfrauen waren – so heißt das nicht, daß die nächste Generation in ihre Fußstapfen tritt. Und nicht nur die angestammten Frauenberufe stehen diesen Töchtern offen – sondern alle Berufe. Das alles klingt nach Öffnung, nach Freiheit, nach der Möglichkeit, sich selber zu verwirklichen. Aber man ist mit dieser Freiheit auch dazu verdammt, die eigene Biographie zu gestalten und damit zur Aktivität gezwungen. Und dazu geht die Möglichkeit des eigenen Gelingens, aber auch des eigenen Scheiterns. Die Normbiographie wird so zu einer vermeintlichen Wahlbiographie, Bastelbiographie, zu einer Buch- oder Zusammenbruchsbiographie.

Das „eigene" Leben muß auch ein reflexives Leben sein; Reflexion, Gespräch, Verhandlung, Kompromiß, Selbstverantwortung, Selbstbestimmung sind die Stichwörter oder auch die Verantwortung des mündigen Bürgers, der mündigen Bürgerin.[2]

Was Beck mit „eigenem" Leben beschreibt, trifft sich im Ziel weitgehend mit dem Individuationsprozeß, wie ihn C. G. Jung beschrieben hat[3]. Es ist ein Prozeß, durch den sich ein Mensch in der konstanten Auseinandersetzung mit der Welt befindet: Er setzt sich darin mit den kollektiv erwarteten Normen und Werten einerseits und der Innenwelt, den Anforderungen der Psyche, die sich in Träumen und Sehnsüchten äußert, andererseits auseinander. Denn das, was in der Familie erwartet wurde, und das, was letztlich in einem Individuum als Besonderem angelegt ist, muß nicht immer identisch sein. Diese Auseinandersetzung führt letztlich dazu, daß der Mensch immer mehr zu dem oder der wird, die er oder sie eigentlich ist, also immer echter wird. Das Leben wird auf diese Weise immer mehr zum eigenen Leben im Kontext von Beziehungen.

Neu ist das Konzept vom eigenen Leben also nicht. Das Neue daran zeigt sich darin, daß Beck wahrzunehmen glaubt, daß es heute ein Bedürfnis von allen und eine Anforderung an alle Menschen ist, ein Ausdruck der posttraditionalen Gesellschaft. Und er macht diese These daran fest, daß immer mehr Menschen einen eigenen Raum, einen eigenen Wohnraum, beanspruchen und ihn sich auch erhalten können. Ob dieser Prozeß, das eigene Leben zu leben, gelingt oder möglicherweise einfach eine hilfreiche Phantasie bleibt, hängt wesentlich davon ab, ob die Menschen bereit sind, diese große Herausforderung anzunehmen. Und es ist eine große Herausforderung. Beck hat es eindrücklich beschrieben: Fast alles in diesem „eigenen" Leben ist abhängig von Entscheidungen, die wir fällen. Doch gleichzeitig ist das Individuum nicht fähig, alle diese Entscheidungen zu treffen, weil so vieles so undurchschaubar geworden ist. Es ist also eine Situation, die Angst heraufbeschwört: Entscheidungen müssen getroffen werden, ohne daß man die Entscheidungsgrundlagen, die man für notwendig hält oder die auch objektiv notwendig sind, wirklich hat. Von Angst ergriffen werden wir dann, wenn wir uns einer komplexen, mehrdeutigen Situation gegenüber sehen, in der wir uns hilflos fühlen und meinen, nicht adäquat darauf reagieren zu können. Je unüberschaubarer das Leben wird und je weniger

Regeln es gibt, die unsere Entscheidungen erleichtern, um so eher werden Menschen mit Angst reagieren. Und sie werden neu lernen müssen, mit dieser Angst produktiv umzugehen.[4] Mit diesem Anwachsen der Unüberschaubarkeit sind allerdings gleichzeitig auch die überlieferten und institutionellen vorgegebenen Formen der Angstbewältigung verloren gegangen. Der Umgang mit Angst und Unsicherheit ist heute sowohl biographisch für den einzelnen als auch politisch für die Gesellschaft zur Schlüsselfunktion geworden beziehungsweise führt auch das Umgehen damit zu einer „zivilisatorischen Schlüsselqualifikation".[5] Wie richtig diese Diagnose von Beck ist, zeigt sich etwa daran, daß heute durch das Schüren der Angst der Menschen und durch das gleichzeitige Versprechen, diese Angst zu dämpfen, indem man alte Rezepte als neue anbietet, gewisse politische Parteien schamlos Wählerstimmen sammeln. Diese Parteien haben keine Rezepte für die Zukunft außer dem, daß sie sich in der Vergangenheit verschanzen wollen. Das allerdings kann auf die Dauer die Angst nicht verringern, denn entängstigt wird man dadurch, indem man kompetent mit der Gegenwart umgeht und damit auch zuversichtlich in die Zukunft blicken kann, in der Veränderungen vorgesehen sind. Der Umgang mit der Angst ist zentral wichtig: Und hier sind nun natürlich auch die Psychotherapeuten und Psychologinnen gefragt. Können wir glaubhaft vermitteln, daß der kompetente Umgang mit einer Emotion, die viele Menschen für sich negieren, eine Schlüsselqualifikation sein kann, also so wichtig wie etwa die Fähigkeit, sich einigermaßen richtig auszudrücken oder die wichtigsten Grundlagen eines Berufes zu lernen? Und was können wir zum Erreichen dieser Schlüsselqualifikation beitragen?

## Die zivilisatorische Schlüsselqualifikation: Mit Angst und Krisen umgehen

Diese Schlüsselqualifikation gilt auch für den Umgang mit Krisen. Denn die Angst spielt bei der Entwicklung von Krisen eine bedeutende Rolle, ebenso bedeutend im Umgang mit der Angst bei der Krisenintervention. Insofern könnte man auch sagen, daß der möglich Umgang mit Krisen in der jetzigen Gesellschaft eine Schlüsselfunktion hat, daß immer mehr gelehrt und gelernt werden muß, wie wir mit Krisen umgehen können. Dies gilt noch um so mehr, als Beck meint, daß in unserer Gesellschaft Krisen als individuelle Krisen gesehen werden, auch wenn es gesellschaftliche sind wie etwa die Arbeitslosigkeit. Das ist natürlich nicht nur ein modernes Phänomen. Denn jede gesellschaftliche Krise, die Menschen betrifft, wird psychologisch gesehen auch als individuelle Krise erlebt; gewiß, man fühlt sich vielleicht weniger schuldig an einer gesellschaftlichen Krise als an einer Krise, von der man denkt, daß man sie selber durch eine schlechte Entscheidung herbeigeführt hat, aber die Krise als solche muß ausgestanden werden. Dennoch scheinen gesellschaftliche Krisen heute mehr in der Verantwortung des Individuums zu stehen. Wenn die Maxime lautet, daß jeder und jede seines oder ihres Glückes Schmied ist, dann sind wir auch für das Unglück verantwortlich. Es ist dann nicht mehr einfach ein Schicksal, das uns getroffen hat wie in früheren Zeiten, da man sich noch mehr bestimmt fühlte von einem Schicksal, dem man doch relativ machtlos ausgeliefert war. Deshalb bleibt ein Scheitern mehr in unserer eigenen Verantwortung, auch wenn die Probleme gesellschaftliche Probleme sind.

Die Idee von Beck, den Umgang mit der Angst als Schlüsselqualifikation zu deklarieren, bedeutet aber auch, daß es eine Aufgabe aller Disziplinen sein muß, einen solchen Umgang interdisziplinär zu diskutieren und zu erarbeiten: Zum einen geht es wohl darum, die Menschen grundsätzlich krisengewohnter, krisenbewußter und krisenfreundlicher zu machen, andererseits aber auch, Techniken bereitzustellen, die den Menschen helfen, mit Angst und mit Krisen umzugehen. Nun ist es ja nicht so, daß auf dem Gebiet der Krisenintervention nicht schon viel gearbeitet worden wäre. Kriseninterventionszentren sind inzwischen glücklicherweise weit verbreitet. Zum Beispiel schulen Fluglinien wie die Swissair emergency care teams, die bei einem Unglücksfall die Familien der Hinterbliebenen sofort betreuen.

Es geht also darum, dieses Wissen, das Spezialisten und Spezialistinnen haben und das Menschen, die in einer Krise stecken, zugute kommt, noch mehr unter die Menschen zu bringen. Und es geht auch darum, darauf zu sensibilisieren, daß mit Krisen und der damit verbundenen Angst immer wieder zu rechnen ist. Damit würde man ernst nehmen, daß die postmoderne Freiheit der Gestaltung des eigenen Lebens auch verbunden ist mit mehr Angst und mir mehr Krisen und daß man diese nicht einfach wegerklären kann, sondern daß neue Kompetenzen erworben werden müssen, um damit besser umgehen zu können.

# Einschnitte und Krisen im Lebenslauf

Es ist bekannt, daß es normative Lebensübergänge gibt, die von der Entwicklungspsychologie oder von der Theorie der Lebensspanne beschrieben werden, wie etwa die Adoleszenz, der Übergang zum mittleren Erwachsenenalter, das Klimakterium, die Ablösung von den Kindern, das Austreten aus dem Arbeitsprozeß etc. Dabei sind besonders die Übergänge, die auch mit körperlichen Veränderungen einhergehen, bekannt und man akzeptiert sie als Lebensübergänge. Solche Übergänge sind sozusagen offen-sichtlich. Es gibt aber auch andere, nicht normative Lebensübergänge, die etwa durch Schicksalsschläge ausgelöst werden: der Tod eines Lebenspartners, die Trennung von einer Lebenspartnerin, der Verlust der Arbeit, der Verlust der gewohnten Wohnsituation, die Notwendigkeit, sich beruflich umorientieren zu müssen usw. Alle diese Lebensübergänge können sich in einem steten, allmählichen und fast unbemerkten Wandel vollziehen, sie können aber auch als deutliche Zäsur erlebt werden. Und sie können sich auch zu handfesten Krisen auswachsen. Werden diese Lebensübergänge als deutliche Einschnitte erlebt, dann gibt es ein Vorher und ein Nachher – und beim Schnitt sind meistens die Lebensplanung, Pläne ganz allgemein, überdacht und vielleicht auch neu definiert und gesetzt worden. Lebensübergänge können aber nicht nur als Einschnitte, sondern gleichzeitig auch als Krisen erlebt werden. Solche Krisen sind Lebenssituationen, in denen die Anforderungen des Lebens und die Möglichkeiten, sie zu bewältigen, in einem krassen Widerspruch stehen. In solchen Situationen erleben wir uns als in Problemen steckend, die zu bewältigen oder zu überleben uns unmöglich erscheint. Das ganze Leben verengt sich dann auf das sich in der Krise zeigende Problem, und gleichzeitig fehlt die Überzeugung, das Leben gestalten zu können – und dies ist ein ganz wichtiger Aspekt unseres Identitätserlebens. – Und es fehlt die Hoffnung auf eine bessere Zukunft oder überhaupt auf eine Zukunft. Die emotionale und oft auch instrumentelle Einengung sowie der subjektiv empfundene Verlust der Fähigkeit, Leben gestalten zu können, bewirken große Angst und Panik. Diese wiederum werden oft abgewehrt durch Ärger und Wut, aus denen dann feindselige Handlungen resultieren können. Angst, Ärger und Wut übertragen sich schließlich auch schnell auf Mitmenschen und auch auf Helfer und Helferinnen.

Der Ausdruck „Krise" meint also eine Veränderung im Sinne einer Zuspitzung – insofern bedeutet sie Höhepunkt, aber auch Wendepunkt dieser Situation. Krisen sind Dringlichkeitssituationen, Geburtssituationen, in denen das Entwicklungsthema entbunden werden kann, dessen nicht erfolgte Verwirklichung den Menschen in die Krise getrieben hat. Es ist aber auch möglich, daß die Krise wieder verschwindet, ohne daß sich etwas verändert hat, oder daß etwa körperliche Probleme vermehrt auftauchen etc.

Folgende Merkmale machen eine Krise aus: Die emotionale Gleichgewichtsstörung muß schwer, zeitlich begrenzt und durch die dem jeweiligen Individuum normalerweise zugänglichen Gegenregulationsmittel nicht zu bewältigen sein. Ich benutze also diesen engen klassischen Krisenbegriff von Caplan,[6] der meines Erachtens präzise Aussagen, auch zum Umgang mit Krisen, zuläßt.

# Zum theoretischen Verständnis

Zum theoretischen Verständnis der Krise orientiere ich mich am schöpferischen Prozeß. In der Beschreibung des schöpferischen Prozesses findet man immer wieder den Ausdruck der „schöpferischen Krise". Ob ein kreativer Prozeß ein Resultat zeigt, ob die Ideen der Welt verwirklicht werden können, hängt ganz wesentlich davon ab, wie wir mit einer solchen Krise umgehen. Ursachen für Krisen sind in meiner Sicht Entwicklungsthemen des Individuums, also Lebensnotwendigkeiten, die wahrgenommen und ins Leben integriert werden müssen und die der Kriselnde zunächst nicht aufnehmen kann oder will. Deshalb wird er auch in seiner Identität verunsichert. Identitätsunsicherheit bedeutet aber immer auch, daß wir uns wandeln können, daß wir auch anders sein können, daß wir etwas wagen können, daß wir auf etwas verzichten können. Krisenzeiten sind Wandlungszeiten zum Besseren oder zum Schlechteren hin.

Das Bewältigen von Krisen hat in der psychischen Dynamik eine große Nähe zum schöpferischen Prozeß.

## Der schöpferische Prozeß

Sind Probleme nicht auf gewohnte Art zu lösen, müssen wir kreativ werden. Wir können den schöpferischen Prozeß an sich gut beschreiben. Wie allerdings der schöpferische und lösende Einfall zustande kommt, bleibt geheimnisvoll. Wir wissen aber, daß es ihn unter gewissen Bedingungen immer wieder gibt. Auf schöpferische Einfälle kann man zählen, auf schöpferische Einfälle zählen wir auch, sonst wären wir Menschen schon längst untergegangen.

Der schöpferische Prozeß beginnt mit einer **Vorbereitungsphase:** In dieser Phase versuchen wir, ein Problem mit den gängigen Methoden zu lösen. Wir beschreiben das Problem, stellen es in vielfältige Zusammenhänge, lesen vielleicht Literatur zum Thema und holen verschiedene Meinungen ein. Wir sammeln Wissen, kognitives und emotionales, entwickeln Ideen. Wenn keine Idee so richtig greift, bemerken wir, daß wir mit unseren üblichen Mitteln nicht weiterkommen. Dann geben wir scheinbar auf und ziehen unser Interesse von dem Problem ab. Das geschieht in der sogenannten **Inkubationsphase:** Wir befassen uns zwar nicht mehr hauptsächlich mit dem Problem, aber wir spüren, daß es immer noch in uns gärt. In dieser Phase sind wir unzufrieden, zweifeln an uns selbst, an unserer Kompetenz. Dadurch kann die Angst immer dominierender werden. Sie kann so sehr verstärkt werden, daß das Selbstwertgefühl in Mitleidenschaft gezogen ist. Und neue Einfälle, die normalerweise diese Phase beenden, werden blockiert, wenn durch das nicht Finden eines Einfalls Beeinträchtigungen und Verluste befürchtet werden (Ansehen, Karriere, Selbstbild). Wir haben es dann mit einem Kreativitätsblock zu tun, der mit der Angst im Zusammenhang steht, und der oft auch einer Krisenintervention bedarf. Ist weniger Angst vorhanden, wird die Inkubationsphase durch einen Einfall beendet, der plötzlich oder nach und nach Gestalt annimmt, der dann formuliert und verifiziert oder falsifiziert wird. Der Mensch, der ein Problem lösen will, fühlt sich blockiert, phantasielos, ohne Energie, ängstlich, in ernste Selbstzweifel verstrickt und findet nicht heraus. Je mehr Angst mit der Lösung eines Problems verbunden ist, um so größer ist die Blockierung. Und Menschen, die sich in einer Krise befinden, fühlen sich in dieser Situation blockiert. Auch sie haben zunächst versucht, mit den üblichen Mitteln ihr Problem zu lösen, auch sie stellen irgendwann fest, daß sie es so nicht lösen können, und dann geraten sie in Panik. Diese kann sich in aufgeregter Angst oder aber auch in einer Versteinerung zeigen. Dadurch hemmen sie ihr Unbewußtes zusätzlich, es fällt ihnen nichts mehr ein. Sie kommen nicht in die sogenannte **Einsichtsphase:** Aus der Phase der Inkubation erfolgt nämlich normalerweise plötzlich und unvorhersagbar der Moment der Einsicht; ein Gedankenblitz überfällt uns, eine Einsicht: So könnte es gehen. Bei großen schöpferischen Ideen wird in diesem Zusammenhang immer auch einmal vom „göttlichen Funken" gesprochen. Diese Einsichtsphase ist begleitet von Gefühlen der Erleichterung, der Freude, der Inspiration. Der Einsichtsphase folgt die **Verifikationsphase,** in der das Gefundene überprüft werden muß: Taugt die gefundene Idee dazu, das gestellte Problem zu lösen? Die Einsicht wird geformt, kommuniziert, getestet. Die Emotionen, die damit verbunden sind, sind meistens Emotionen der Inspiration und der Konzentration.

Sieht man Krisenprozesse in der Analogie zu schöpferi-

## Zum theoretischen Verständnis

schen Prozessen, dann wird die Bedeutung der Angst klar: Sie entscheidet darüber, ob der Mensch in der Krise einen schöpferischen Einfall hat oder sich gelähmt fühlt. Es wird aber auch deutlich, daß uns – im richtigen Zeitpunkt – schon etwas einfallen wird, vorausgesetzt, wir können mit der Angst umgehen. Ist eine Lösung gefunden, muß sie schließlich geprüft werden.

Legt man der Krisentheorie eine Theorie des Schöpferischen zugrunde, dann geht man davon aus, daß bei der Zuspitzung der Krise mögliche neue Lebensthemen unbewußt bereits vorhanden sind, gleichsam im Sinne einer Selbstregulierung der Psyche. Sie können vom Menschen in der Krise jedoch noch nicht wahrgenommen oder nicht genützt werden und müssen also entbunden werden, allenfalls in einer Krisenintervention. Diese neuen Themen, die dabei ans Licht wollen, können Lösungen für anstehende Lebensschwierigkeiten mit sich bringen oder zumindest bewirken, daß gewisse Schwierigkeiten nicht mehr so sehr im Zentrum stehen. Dieses sich in Entwicklung befindende Thema kann sogar die Krise noch verschärfen, weil eine Entscheidung immer unabdingbarer wird, der Konflikt zwischen dem, was ist, und dem, was werden könnte, sich immer mehr zuspitzt.

Diese Sicht der Krise überzeugt unmittelbar bei den sogenannten Entwicklungskrisen. Da findet zum Beispiel ein adoleszenter Jugendlicher nicht hinaus ins Leben, bleibt in der Haltung eines Schulkindes in seiner Familie. Er macht offensichtlich keine sichtbaren Probleme, aber wird von Tag zu Tag depressiver und läßt in den Schulleistungen nach. Diese Krise, die leise und ohne lärmende Symptomatik[7] auftaucht, kann so verstanden werden, daß die Aggression, die zur Bewältigung der neuen Entwicklungsanforderung, der Ablösung vom Elternhaus, benötigt würde, sich gegen sich selbst wendet. Sie zeigt sich in der Depression, in der Selbstsabotage. Kann der Adoleszente entängstigt werden, entweder durch veränderte günstige Lebensumstände oder durch eine Therapie, werden die natürlichen Entwicklungsanforderungen gelebt, und die Krise ist überstanden. Anders sieht es bei den Verlustkrisen aus: Da werden wir in eine neue Lebenssituation unter Umständen sehr abrupt hineingestellt – ohne daß zuvor schon eine Entwicklung eingesetzt hätte. Um die Situation des Verlustes zu meistern, entwickeln wir neue Fähigkeiten und Fertigkeiten, auch neue Verhaltensmöglichkeiten – auch bei Verlusterfahrungen müssen wir einen Entwicklungsschritt leisten.

## Das zukunftsweisende Element in der Krise

Diese Sicht der Krise als immer auch einer schöpferischen Krise, in der es darum geht, das psychisch Anstehende zu entbinden, durchaus auch in der Erwartung, daß dann auch ganz konkrete reale Probleme in der Welt auch besser gelöst werden können, wird in den Märchen deutlich sichtbar. So etwa im Märchen vom Aschenputtel:

Die nur gute Mutter von Aschenputtel stirbt und nimmt ihm noch auf dem Totenbett das Versprechen ab, immer gut und fromm zu bleiben. Aschenputtel muß sich also von einer nur guten Mutter ablösen, dagegen wehrt es sich zunächst. Dabei geht es ihm sehr schlecht und immer schlechter: Erst als die Mutter gestorben ist, wird es überhaupt zu einem Aschenputtel, von den Stiefschwestern verhöhnt und gequält, vom Vater kaum zur Kenntnis genommen. Sein Leben

## Zum theoretischen Verständnis

gerät zunehmend mehr in die Krise, wird immer dramatischer grau. Aber: Einmal geht der Vater zur Messe, und er fragt, was er denn den Töchtern bringen soll, und er fragt auch Aschenputtel. Dieses wünscht sich das erste Reis, das dem Vater an den Hut stößt. Dieses Reis, das der Vater bringt, pflanzt es auf dem Grab der Mutter, wo es sofort zu wachsen beginnt. Und obwohl symbolisch da deutlich etwas Neues wächst, Wurzeln treibt usw., gerät das tägliche Leben dennoch immer noch mehr in die Krise. Die Beleidigungen und Entwertungen erreichen einen Höhepunkt, als es wie die anderen auch auf den Ball des Königssohnes gehen möchte. Zu allem Übel wird ihm versprochen, daß es gehen darf, wenn es die Linsen aussortiert, und das Versprechen wird nicht gehalten. Da geschieht aber der Umschwung: Aschenputtel fragt in einem gewissen Moment nicht mehr, sondern geht auf das Grab der Mutter und sagt zu dem Bäumchen, das aus dem Reis entstanden ist: Bäumchen rüttel dich und schüttel dich, wirf Gold und Silber über mich. Es wird dann mit wunderbaren Kleidern überschüttet, geht auf den Ball und gewinnt den Prinzen für sich.

An dieser Geschichte ist in unserem Zusammenhang besonders wichtig, daß der Keim für die neue, die bessere Lebenssituation (das Reis) durch ihren Wunsch bereits Wurzeln treibt und wächst, längst bevor die Krise an ihren Höhepunkt oder Tiefpunkt gerät. Am Tiefpunkt der Verzweiflung wehrt sich Aschenputtel nicht mehr gegen die Veränderung und vertraut auf die Ressourcen, die ihr durch die Beziehung zu ihrer guten Mutter zugänglich sind.

Und die scheint mir regelhaft zu sein für Krisen: Menschen, die ganz und gar von einer Krise erfaßt sind, können Träume haben, die bereits deutliche Hinweise auf Veränderungen geben, die allerdings von den Träumerinnen und Träumern noch nicht wirklich aufgenommen werden können. Auf die große Bedeutung von Träumen als „Wegweisern" in neue Lebensphasen hat Ingrid Riedel verwiesen.[8] Diese neuen Lebensmöglichkeiten werden dann oft in der Gegenübertragung der Helfenden wahrgenommen. Unter Gegenübertragung verstehe ich hier die Gefühle und die Bilder, die der Analytiker oder die Analytikerin in bezug auf den jeweiligen Menschen in der Krise hat. Nicht nur die Angst und die Wut des Menschen in der Krise werden gespürt, sondern oft auch ein Entwicklungsdrang, der in eine gewisse Richtung geht und der im Therapeuten oder in der Therapeutin Phantasien auslöst. Es wäre natürlich unstatthaft, würde ein Therapeut die eigenen Phantasien dem Menschen in der Krise als dem jetzt zu wählenden Weg anbieten. Die Aktivierung der Phantasien im Therapeuten oder in der Therapeutin kann aber gleichsam ansteckend wirken, so daß der Mensch in der Krise plötzlich auch wieder eine – eigene – Phantasie hat und auch wieder einen Wunsch ans Leben. Und dann ist schon viel gewonnen. Dann ist wieder eine Öffnung da.

# Charakteristika von Übergangsphasen

Krisen ereignen sich in Übergangsphasen, und Übergangsphasen sind krisenträchtig. Sie haben ihre Eigengesetzlichkeit. Was kurz zuvor noch gültig und verläßlich erschien, muß hinterfragt werden. Unzufriedenheit breitet sich aus, zunächst schleichend, im Leben wird mehr und mehr Unruhe bemerkbar. Vage zunächst noch stehen neue Zielvorstellungen vor uns, die sich eher in der Kritik an Bestehendem als in neuen Ideen und Plänen äußern.

Ebenso gehört zu Übergangsphasen, daß wir das Vertraute, das wir zwar mißtrauisch hinterfragen und nörglerisch bekritteln, dennoch nicht loslassen wollen. Es soll zwar alles anders werden, aber das Gewohnte möchten wir dabei doch festhalten. Je mehr wir aber festhalten, um so mehr müssen wir dieses so fest Gehaltene hinterfragen. Dieses zugleich Abstoßen- und Behaltenwollen verursacht eine unangenehme psychische Spannung, die wir gelegentlich als Krise erleben können. In eine Krise geraten wir unter anderem dann, wenn etwas Neues in unser Leben will und wir diesem Neuen keinen Raum geben wollen oder können.[9] Diese angesprochene Spannung löst sich dann, wenn es uns bewußt wird und wir es auch akzeptieren können, daß wir von einer Phase unseres Lebens Abschied nehmen müssen. In unserer Erinnerung wird dann der betreffende Lebensabschnitt noch einmal besonders belebt. Gerade dadurch, daß viele Erinnerungen bildhaft und emotional lebendig in die Erinnerung treten und uns deutlich machen, daß sie gelebtes Leben sind, das uns selbst ausmacht, das uns auch niemand mehr nehmen kann, das immer wieder in der Erinnerung zu beleben ist, können wir auch loslassen. Und dann treten neue Perspektiven in unser Leben.

Wenn wir nicht loslassen wollen und unbedingt den alten Zustand aufrecht erhalten wollen, dann überfordern wir uns, entfremden uns immer mehr von uns selbst, oder aber wir werden eines Tages resignieren, weil wir uns ja nicht gegen den Fortgang der Zeit stellen können. Versuchen wir, diese Illusion aufrecht zu erhalten, verlieren wir weitgehend die Möglichkeit, unser aktuelles Leben aktiv zu gestalten. Auch die Resignation kann Auslöser für bewußtes Abschiednehmen werden.

Übergangsphasen sind Phasen der Labilität. Sie sind mit Angst, Spannung und Selbstzweifeln verbunden; Konflikte, die habituell zu unserem Leben gehören, Schwierigkeiten, die wir schon immer hatten, werden reaktiviert. Psychosomatische Reaktionen, die wir längst überwunden zu haben meinen, treten erneut auf. Psychische Probleme wie etwa Autoritätsprobleme, von denen wir denken, daß sie weitgehend der Vergangenheit angehören, treten wiederum auf. Labilität und erhöhte Konfliktanfälligkeit verstärken sich gegenseitig. So macht uns nicht nur der jeweilige Lebensübergang mit den typischen Anforderungen zu schaffen, zusätzlich können alte Konflikte, alte Lebensthemen neu aufflackern, dadurch aber auch bearbeitet werden. Es ist eine Phase, in der man verwundbar ist, die in sich aber die Chance trägt, alte Probleme noch einmal zu bearbeiten, sich noch einmal neu mit sich selbst und seinem Gewordensein auseinanderzusetzen.

Durch den Selbstzweifel und die Selbstreflexion, die wir erstmals in der Adoleszenz so richtig wahrnehmen[10], besteht die Möglichkeit, immer mehr zur eigenen Identität zu finden, sich von Autoritäten abzulösen, aber auch die Chance, Identität im jeweiligen Kontext neu zu formulieren. Letzteres besonders bei den vielen Zäsuren, die in den Lebensläufen der modernen Menschen anzutreffen sind. Es braucht die Distanz, ein hinreichend gutes Selbstwertgefühl und das Vertrauen, daß in der Konzentration auf sich selbst auch neue Ideen sichtbar werden. Die Abwehr davon wäre, daß man sich wieder eine Konfektionsidentität verpaßt. Wie muß man denn als Fünfzigjährige sein? Die Entscheidung, sich an ein Bild der Fünfzigjährigen – und da wird es heute in der posttraditionalen Gesellschaft bereits schwierig: welcher Fünfzigjährigen? – anzupassen, bewirkt, daß gerade die flexible Identitätssuche, die wohl Aufgabe des modernen Menschen ist, nicht geleistet werden kann. Psycho-logisch ist es aber dennoch: Wenn alles so sehr im Fluß ist, alles so sehr in Wandlung, dann werden alte Werte wiederum gesucht oder konstruiert. Es müssen aber nicht alte Rollenidentitäten sein, die hier durch das Hintertürchen wieder hereinkommen – das wäre eine Form der Rückkehr des Verdrängten –, sondern es gibt andere, neuere Konfektionsidentitäten: jene, die die Medien transportieren. Besonders eindrücklich sichtbar wird es da, wo Paare gezeigt werden: In den Medien sind die meisten Paare jung, erfolgreich, sexuell attraktiv und glücklich, so daß der Eindruck entstehen kann, alle anderen Menschen hätten irgendwie das Leben als Paar verfehlt. Diese Labilität bringt Menschen in Gefahr, doch wieder Rollenvorbilder zu suchen, obwohl die Rollen wohl mehr freigegeben sind als je zuvor in der Menschheitsgeschichte.

Theoretisch kann man sich diese Labilität so erklären: Die Identität gerät dadurch, daß neue Themen ins Leben kommen – und wir Menschen stehen in einer Entwicklung bis zum Tod –, in eine Phase der Diffundierung: Der Ichkomplex ist weniger kohärent als üblich, die einzelnen Lebensthemen sind weniger gut vernetzt.[11] Dadurch genügt die habituelle Abwehr von problematischen Emotionen nicht mehr; diese Emotionen sind in der Folge deutlicher zu spüren, vor allem nehmen wir die Angst wahr, weil wir in einer Situation sind, die viel Unsicherheit, Verwirrung, Orientierungslosigkeit mit sich bringt. Der Mensch steckt in einer Identitätskrise, ein Zeichen dafür, daß die Identität, die ja ein Leben lang immer wieder sich verändert und dennoch das unabweisbare Gefühl von Kontinuität bewirkt, in einer Veränderungsphase steckt. In dieser Umbauphase ist das Selbstbild in Umwandlung begriffen und dadurch das Selbstwerterleben problematischer als sonst: Man ist leichter zu verletzen, ist ungeduldiger mit sich selbst, hat mehr Stimmungsschwankungen, beurteilt das eigene Leben viel kritischer als üblicherweise.

Durch die weniger werdende Kohärenz des Ichkomplexes können verdrängte oder ruhende Konflikte wieder neu erlebt werden. Aber auch neue Entwicklungsthemen können bewußt werden. Zur schlechter werdenden Kohärenz des Ichkomplexes gehört, daß die Ichfunktionen weniger verläßlich sein können, als sie es üblicherweise sind, zum Beispiel dadurch, daß vermehrt Konzentrationsschwächen auftreten etc.

Der Sinn dieser verwundbaren Phase, die sich oft auch körperlich zeigt, wäre es, daß man sich selbst pflegt. In einer Identitätskreise braucht man Schutz, Nahrung, Geborgenheit, Vertrauen auf den Fortgang des Lebens. Auch eine mütterliche Haltung sich selbst gegenüber kann sich in solchen Situationen der Labilität konstellieren, es ist nicht einfach so, daß Mütterlichkeit nur von außen gefordert würde. Emotional bedeutsame Lebenserfahrungen wie die Umstrukturierung, die wir in Übergangsphasen erleben, sind in den Geschichten der Menschen schon immer auch dargestellt, meistens in symbolischer Form. Es sind Symbole, die immer schon mit diesen Übergängen verbunden worden sind, die den Menschen helfen, die emotionalen Schwierigkeiten bewußt und weniger bewußt zu verstehen, sie einzuordnen, und auch die Hoffnung vermitteln, daß diese bewältigt werden können. Symbolische Geschichten wie auch Träume dienen der Verarbeitung der emotionalen Spannungen. Symbole des Übergangs sind in den Märchen in einer großen Zahl zu finden, man könnte die Märchen geradezu als Geschichten der Übergänge bezeichnen.

# Symbole des Übergangs

## Das Erdkühlein

Märchen haben viele unterschiedliche Bilder für diesen Übergang, ihnen kann man entnehmen, wie man mit diesem Übergang produktiv umgehen kann. So im Märchen „Das Erdkühlein"[12].

Die gute Mutter ist gestorben und läßt den Vater und Margaretlein und Annelein zurück. Der Vater heiratet wieder ein Frau, diese „wirft einen Neid auf das Margaretlein". Eines Tages entschließen sich die Stiefmutter und das Annelein, Margaretlein im Wald zu „verschicken". Margaretlein hört, wie die beiden sich beratschlagen, und holt ihrerseits Rat bei ihrer Patin. Zwei Mal gibt diese einen Rat, der Margaretlein wieder nach Hause finden läßt, beim dritten Mal rät sie, Hanfsamen auf den Weg zu streuen, und diese werden natürlich von den Vögeln aufgepickt. Margaretlein irrt im Wald umher, es ist verzweifelt, und am Tiefpunkt der Verzweiflung über ihre Verlassenheit wird es aktiv: Als es Abend wird, klettert es auf eine hohe Tanne und sieht Rauch aufsteigen. Diesem folgt es. Schließlich kommt es in eine Hütte mit einem Erdkühlein. Da wird es nun genährt und gekleidet in Samt und Seide. Nur das Erdkühlein verraten, das darf es nicht.

Die Schwester plagt unterdessen das Gewissen, und sie

## Symbole des Übergangs

geht ihrerseits in den Wald, um das Margaretlein zu suchen. Sie findet diese nach längerem Herumirren in den besten Lebensumständen, und obwohl Margaretlein weiß, daß sie über das Erdkühlein nicht sprechen darf, tut sie es dennoch. Das Erdkühlein weiß sofort, was geschehen ist, sagt dem Margaretlein voraus, es werde übler gehalten als je zuvor, und es, das Erdkühlein, werde geschlachtet. Sie solle sich aber das Schühlein, das Horn und den Schwanz erbitten, in die Erde stecken, und dann werde sie eine mächtige Frau werden. Das tut Margaretlein dann auch bei ihrer traurigen Heimkehr. Am anderen Morgen ist aus diesen Gegenständen ein Baum geworden, der im Sommer und im Winter Früchte trägt. Ein mächtiger Herr mit einem kranken Sohn kommt vorbei. Dieser will Früchte von diesem Baum, um wieder gesund zu werden, und natürlich kann nur Margaretlein ihm diese Früchte geben. Der mächtige Herr nimmt das Margaretlein und seinen Vater (!) mit, und Margaretlein gräbt auch noch seinen Baum aus, Mutter und Schwester lassen sie zurück.

In diesem Märchen wird eine klassische Übergangssituation geschildert. Zunächst wird die schrittweise Ausstoßung aus dem gewohnten Leben gezeigt. Den Trennungen folgt die Wiederannäherung an das alte System wie im normalen Leben auch, bis dann der Trennungsschritt wirklich vollzogen werden kann und muß und es keine Rückkehr ins Alte mehr gibt.

Das „Verschicken" in den Wald war von Stiefmutter und Schwester als „Tötung" verstanden worden, als Symbol dafür, daß die alte Lebenssituation nun wirklich „gestorben" ist. Eine erste Phase ist die Phase der Orientierungslosigkeit und der Angst im Wald, einem Ort, in dem Orientierung schwierig ist. Zwar kann der Wald Schutz bieten, er kann aber auch bedrohlich werden durch die fehlende Orientierung, allenfalls auch durch wilde Tiere. Symbolisch geht es um einen seelischen Bereich, in dem man sich schlecht orientieren kann, wo aber durchaus etwas wächst, wo man Tieren begegnen kann: Es geht um einen nicht domestizierten emotionalen Bereich nah am Körper und am Sinnenhaften. Margaretlein kann dieses Wachsen und diesen Reichtum nicht genießen, es ängstigt sich – und am Tiefpunkt der Angst wird es aktiv, klettert auf eine Tanne und sieht einen Rauch, der auf Feuer hinweist. Das ist der Umschlagspunkt zur Wende, wenn er zu diesem Zeitpunkt auch noch nicht als Wende verstanden wird.

Die Inkubationsphase erfolgt nun beim Erdkühlein. Nach der Angst und der Orientierungslosigkeit folgt eine Zeit des Wohlbehagens und der Geborgenheit. Das Erdkühlein – wir wissen nicht, was das ist, es ist also eine richtige Märchenfigur – läßt zunächst an die Symbolik der Kuh denken: Die Kuh, die Stallwärme verbreitet, eine dumpfe, gemütliche Atmosphäre, steht für gemütliche Geborgenheit, in ihrem Nähren mit der Milch auch für das Genährtwerden schlechthin. Die ägyptische Göttin Nut wird als Himmelkuh dargestellt: Sie gibt den Regen und macht damit die Erde fruchtbar, sie nährt aber auch die Toten mit Milch. Die Kuh wird denn auch symbolisch in Zusammenhang gebracht mit dem nährenden, fruchtbaren, geborgenheitspendenden Aspekt der unpersönlichen Muttergöttin. Sie ist schon an sich durch ihre Schwere der Erde verbunden, hier ist sie dies ganz besonders durch ihren Namen. Sie ist vielleicht dazu da, dem Mädchen jenen Boden zu geben, auf dem es stehen kann, jene Erde, in der es wurzeln und sich selber erden kann.

Entwicklungspsychologisch gesehen erfolgt die Ablösung

altersgemäß von der persönlichen Mutter; dabei wird archetypisch Mütterliches belebt: Lebensgefühle, Ahnungen, Haltungen, die vermutlich durch das Mutterfeld der frühen Kindheit belebt worden sind[13]. Aber auch Mütterliches allgemein, das in unserer Psyche überhaupt erlebbar ist und zur Grundausstattung des Menschen gehört, wird erfahren: hier im Zugang zu nährendem, wärmendem, sich um Schönheit kümmernden Mütterlichen.

Bei einem adoleszenten Mädchen könnte diese Szene beim Erdkühlein mit einem Rückzug in nähernde Phantasien korrespondieren. Das Mädchen erlebt eine Haltung des Wohlwollens sowie Überfluß und Fülle, in der es sich spiegeln kann. Dadurch wird auch ein neues, attraktives Selbstbild erlebbar. Es ist eine Phase des Reifens, verborgen vor den Augen der Welt, höchst lustvoll, die allerdings nicht andauern kann und zu einem Ende führen muß.

Das Erdkühlein stellte von Anfang an die Bedingung, daß das Mädchen bei ihm bleiben müsse und niemandem etwas erzählen dürfe – als Gegengabe für die Geborgenheit, die Nahrung und die schönen Kleider. Diese Abgeschlossenheit, die noch dazu mit einem Ausschließlichkeitsanspruch verbunden wird, führt zu einer unerträglichen Enge – und deshalb kann auch die Schwester in diese Idylle einbrechen. Ob wir die Schwester als konkrete Schwester auffassen oder ob wir sie symbolisch sehen wollen etwa als Personifizierung des Neidschattens im Sinne des Neid erregen Wollens – was nützt es denn, in Samt und Seide gekleidet zu sein, wenn niemand das sieht! –, das Geheimnis ist gelüftet. Der Tabubruch ist vollzogen, und das neue Selbstbild muß in einer konkreten Lebenssituation erprobt werden. – Die Zeit des Moratoriums ist vorbei.

Die Rückkehr, eine Form der Wiedergeburt, ist keineswegs großartig. Trauer prägt die Phase der Ablösung vom Erdkühlein, Margaretlein bringt aber sowohl den Rat als auch die Verheißung des Erdkühleins mit sich, und aus der armseligen Heimkehr wird eine großartige, als aus Schwanz, Horn und Schühlein der wunderschöne Baum wird als Ausdruck der einmaligen Persönlichkeit von Margarete in ihrem Stehen und Wachsen in der Welt, mit ihrer großen Fruchtbarkeit und ihren erotischen Möglichkeiten, die sogleich zu wirken beginnen. Daß sie allerdings auch noch den Vater in die Kutsche packt, läßt weitere notwendige Reifungsschritte erahnen.

In unserem Zusammenhang interessiert vor allem die Übergangsphase von der alten in die neue Lebenssituation. In der Orientierungslosigkeit nach der erzwungenen Trennung mit der damit erlebten Angst erfolgt ein plötzlicher Umschlag: Sie will nicht mehr ein Opfer sein, sondern nimmt ihr Schicksal in die Hand und wird aktiv. Sie orientiert sich, so weit das möglich ist. Dann erfolgt der Rückzug: Die psychische Energie wird von der Außenwelt abgezogen und auf die Innenwelt geleitet, sie läßt es sich gut gehen, geht empathisch verwöhnend mit sich um. Auch ein konkreter Mensch würde hier suchen, was ihm gut tut, und würde versuchen, sich selber in den positiven Eigenschaften zu sehen, eine Vision von sich für die Zukunft zu entwerfen, und zwar eine optimistische. Und wie das Unglück im Wald sich gewendet hat, wendet sich auch vermeintlich das Glück, findet wiederum der Übergang ins „gewöhnliche" Leben statt, die Energie wird wieder der Welt und der Welt der Beziehungen zugewandt, aber mit dem Selbstbild, „eine mächtige Frau" zu werden, also mit einem gewandelten, vielleicht sogar etwas zu positiv getöntem Selbstbild. Man weiß heute allerdings, daß Menschen mit einem leicht zu positiv getönten Selbstbild, wie es bei einem ursprünglich positiven Mutterkomplex sich gerne einstellt, mehr Selbstvertrauen, ein besseres Selbstwertgefühl und mehr Kompetenzen haben.[14]

## Der Eisenhans

Das wird deutlich im Märchen „Der Eisenhans"[15].

In diesem Märchen lebt im Wald in einem Weiher eine Gestalt, die alle, die sich dem Weiher nähern, ins Wasser zieht. Lange Zeit wagt sich niemand mehr in den Wald. Eines Tages kommt ein fremder Jäger, läßt den besagten Teich ausschöpfen, und am Grunde des Teiches findet man einen wilden Mann, braun am Leib wie rostiges Eisen. Er wird im Hofe des Königsschlosses in einem Käfig aufgestellt. Eines Tages fällt der goldene Ball des Königssohnes in diesen Käfig. Der wilde Mann ist bereit, ihn herauszugeben, wenn der Königssohn ihm den Käfig aufschließt. Das tut er dann schlußendlich. Als der wilde Mann flieht, schreit der Knabe, er solle ihn mitnehmen. Der wilde Mann nimmt ihn mit und sagt ihm, Vater und Mutter sehe er nicht mehr, aber wenn er alles tue, was er von ihm verlange, dann solle er es gut haben. Und er macht dem Knaben ein Lager aus Moos, auf dem dieser gut schläft. Der Junge soll einen Goldbrunnen hüten, der hell und klar wie Kristall ist: dabeisitzen und acht geben, daß nichts hineinfalle. Der Knabe tat, wie ihm befohlen war, setzte sich an den Rand des Brunnens und sah manchmal einen goldenen Fisch, manchmal eine goldene Schlange. Einmal schmerzte ihn sein Finger so sehr, daß er ihn ins Wasser steckte, als er ihn blitzschnell herauszog, war er vergoldet. Am andern Tag fällt ihm ein Haar in den Brunnen und wird auch golden. Der wilde Mann will es ihm jeweils noch nachsehen, warnt ihn aber vor der nächsten Übertretung. Am dritten Tag betrachtete er sein Angesicht im Wasserspiegel, und als er sich immer mehr beugte und sich in die Augen sehen wollte, fielen seine langen Haare ins Wasser und wurden vergoldet und glänzten wie die Sonne. Er band sich ein Taschentuch um den Kopf, damit der wilde Mann nichts sehen sollte. Der wußte aber bereits alles und schickte ihn weg, aber mit dem Versprechen, er könne ihn jederzeit rufen, wenn er in Not sei.

Der Aufenthalt im Wald ist eine Übergangssituation, in der sich der Junge von seinen Eltern ablöst, um sich auf seine Innenwelt zu konzentrieren. Der wilde Mann wird in einer französischen Parallele Merlin genannt, und Merlin wird im Artus- und im Gralszyklus als Zauberer und Seelenführer beschrieben. Er wohnt im Zauberwald, und wer sich in seinem Wald verirrt, ist vom Tod bedroht, wer daraus herausfindet ist einer, der dem Tod ins Auge geblickt hat, ein Wiedergeborener. Als innere Gestalt verkörpert Merlin die imaginativen Fähigkeiten des Menschen, verbunden mit einer großen Naturnähe und einem Wissen um das Eingebundensein in die natürlichen Rhythmen des Lebens. Wäre der Knabe im Märchen ein konkreter Knabe, dann wäre die Übergangszeit der Pubertät davon geprägt, daß er sich jenen Seiten zuwendet, die im wilden Mann von den Eltern ausgegrenzt worden sind. Es geht dabei aber nicht nur um Wildheit, um Aggression und um Sexualität (darum geht es auch), sondern auch um Ahnungen und Intuition, um das Wissen um größere Lebenszusammenhänge. Und diese soll der Knabe wohl ergründen, wenn er an diesen Brunnen sitzt. Brunnen, so weiß die Volkskunde, sind Orte, die die jenseitige Welt der diesseitigen verbinden, in ihnen sind die ungeborenen Kinder und auch die Toten. So stellt der Brunnen auch eine Beziehung zum Totenreich her, suggeriert Gedanken über Leben und Tod. Dieses Achthaben auf den Brunnen ist eine Form der Meditation. Wurde der Knabe zunächst von der Wildheit des Mannes einfach weggetragen, von Emotionalität, Sexualität, Aggressivität, so wird er jetzt mit seiner anderen Seite konfrontiert: der mehr meditativen, seherischen, der Konzentration auf Leben und Tod. Der Konzentration auf den Brunnen entspricht die Konzentration auf die eigene Tiefe, die am dritten Tag darin gipfelt, daß er sich in die Augen sehen will, diesen ganz intimen Kontakt mit sich selbst aufnehmen und sich damit selber ergründen will. Diese Kontaktaufnahme mit sich selber hinterläßt Spuren: Gold am Finger, goldene Haare, Ausdruck für das besondere künftige Schicksal des Helden oder der Heldin im Märchen.

Tabus werden im Märchen gesetzt, um den Protagonisten oder die Protagonistin solange vor dem eigenen Weg zu bewahren, als er oder sie nicht die Kraft hat, die Folgen des Tabubruchs auf sich zu nehmen. Aber das Tabu muß gebrochen werden. Der Tabubruch bringt den Knaben dann dazu, in die Welt zu tragen, was er während des Moratoriums gelernt hat. Dieser Tabubruch ist absolut notwendig, denn sonst würde sich der Protagonist ausschließlich den Gesetzen der Innenwelt unterwerfen. Menschen leben aber sowohl in einer gemeinsamen Welt wie sie immer auch ihrer Innenwelt verpflichtet sind. Es geht darum, sich weder ganz an die Außenwelt noch ganz an die Innenwelt zu verlieren, sondern in der Spannung zwischen diesen beiden Welten zu leben. Die Vertreibung ist das Glück des Jungen, dadurch findet er dann die Königstochter, die er lieben kann, und das Königreich, das ihm zusteht.

## Vergleich der Übergangssituationen

So unterschiedlich diese beiden Märchen sind, die grundlegenden Motive der Übergangssituationen sind in beiden Märchen aufzuführen:
Die Trennung von der Ursprungsfamilie als Trennung von der alten Lebenssituation, gefolgt vom Aufenthalt im Wald, der Inkubationsphase. Diese ist geprägt von einer helfenden Gestalt, die ein Tabu setzt, das dann gebrochen wird, sie ist aber inhaltlich auch geprägt von dem, was in der Herkunftsfamilie, was im Lebensabschnitt, den man verlassen hat, vernachlässigt worden ist. Das Ausgesparte wird zum Rohmaterial für die Zukunft. Diese erschließt sich durch den Tabubruch: Abkehr von der äußeren Welt kann sehr wichtig sein, um neue Ressourcen zu finden, aber diese Abkehr darf nicht ewig dauern. Die Rückkehr in die gewöhnliche Welt ist verbunden mit einer sich anbahnenden Liebesbeziehung. Das Thema der Beziehung wird also wesentlich, und das Versprechen auf eine große Zukunft steht im Raum, ein Hinweis auf gelingendes Leben.

Es ist also das Bild einer klassischen Übergangssituation, die in diesen und in anderen Märchen immer wieder geschildert wird, wie wir sie auch von den Übergangsritualen her kennen. Van Gennep unterschied Trennungsriten, die der Ablösephase entsprechen, von den Schwellen- bzw. Umwandlungsriten, in der die Umstrukturierung stattfindet, und den Angliederungsriten, die einer Integrationsphase entsprechen.¹⁶ Rituale sind symbolische, szenisch-gestische Handlungen, klar strukturiert und daher wiederholbar. Sie werden dort vollzogen, wo große Emotionen im Spiel sind, und helfen, diese zu kanalisieren und zu verarbeiten. In den Ritualen der Menschheit und in den Märchen kommen diese Übergänge strukturell identisch zum Ausdruck.

In den Märchen wird in dieser Übergangsphase immer auch noch ein Problem gelöst. Es kommt eine notwendige Entwicklung in Gang. Die Probleme entstehen aus der Sicht des Märchens dadurch, daß das Leben einseitig gelebt wird, wichtige Aspekte außer acht gelassen, eher verdrängt werden. Die Aufgabe der Märchenheldinnen und Märchenhelden ist es, das, was verdrängt ist oder neue Konstellationen aus dem Unbewußten, die eine Veränderung des Lebens bewirken und das Leben schöpferisch verändern können, ins Leben hereinzuholen. Stellvertretend geht der Protagonist oder die Protagonstin durch einen Prozeß der Wandlung, symbolisch gesehen durch Tod und Wiedergeburt, löst sich dadurch vom Alten und bringt das Neue ins Leben ein. Diese Wandlung betrifft letztlich das Kollektiv als Ganzes. Märchenheldinnen und Märchenhelden wehren sich nicht gegen diesen Wandlungsprozeß, sie sind also exemplarisch für die Menschen, die sich auf die ewige Wandlung einlassen können, ohne dabei ihre kontinuierliche Identität zu verlieren. Besonders interessant ist dabei, daß im Märchen das Niemandsland zwischen der Trennung von der alten Situation, die als „Tod" bezeichnet wird, und dem Fußfassen in einer neuen Situation, was man als Wiedergeburt bezeichnen kann, immer wieder ausführlich beschreibt. In den Ritualen wird diese Situation als in „between and betwixt" genannt¹⁷ und bezeichnet einen Ort des Nicht-Mehr und des Noch-Nicht. Von der Theorie der Lebensübergänge, aber auch von der Krisentheorie her entspricht diese Phase der Phase der inneren Umstrukturierung, in der Verdrängtes oder Schöpferisches aus dem Unbewußten langsam zum Bewußtsein kommt und letztlich darüber entscheidet, ob eine Krise zu einer Chance wird und zu einem wirklichen Neubeginn führt oder aber zu einer nachhaltigen psychischen Schwierigkeit wird. Diese Phase wird im Märchen jeweils als Aufenthalt im Wald, etwas unspektakulär als langes, langes Gehen beschrieben[18], etwas aktiver als die Reise zu und der Aufenthalt bei den steinalten Frauen[19] oder als die Reise zum Teufel[20].

In dieser Situation der Orientierungslosigkeit, in diesem Zwischenreich, treten jeweils die helfenden Gestalten auf, die alten weisen Frauen oder die alten weisen Männer. Es sind aber auch viele Orte der Geborgenheit erlebbar: das Schlafen im Schutze des hohlen Baumes (Allerleirauh), der Aufenthalt im Turm (Rapunzel) oder im Haus unter der Erde. (Der grüne Ritter)[21] Die Märchen, in denen der Held oder die Heldin unendlich lange geht, bis er oder sie ans Ende der Welt kommt oder auf einen Menschen trifft, der einen weisen Rat gibt, sind in der Mehrzahl. Vielleicht ist in dem langen, suchenden Gehen die Erfahrung verborgen, daß man durch gleichförmige Bewegungen in Trance gelangen kann und dann die guten Einfälle besser aufsteigen können. Nun ist es ja in diesen Märchen kein freudiges Gehen, es ist eher ratlos, aber immerhin geht der Körper noch vorwärts, und gerade dadurch ist es wohl möglich, daß die weisen alten Menschen getroffen werden, daß ein Zugang zu Schichten der Psyche gefunden wird, in denen alte Weisheiten schlummern, Ideen gefunden werden, die den Menschen schon immer geholfen haben. Es ist nicht mehr einfach nur

## Symbole des Übergangs

das kleine Ich, das ein Problem lösen muß, das Problem wird in einen größeren Lebenszusammenhang hineingestellt. Damit Leben gelingen kann, müssen die Einfälle, die in den alten Weisen personifiziert dargestellt werden, ernst genommen werden. In der Regression werden archetypische Bilder und damit Kräfte belebt, die oft auch kompensatorisch zu der Situation im Elternhaus bzw. der gesellschaftlichen Situation verstanden werden können. Allerdings muß der Märchenheld oder die Märchenheldin sich auf die Aufgabe ganz konzentrieren, sich voll einlassen, und er oder sie muß alles tun, was in den eigenen Kräften liegt. Dabei werden alle Kräfte, die sie mitbringen, alle Kräfte, die in der einseitigen Lebenssituation, die sie verlassen haben, geweckt worden sind, gebraucht. Keine Lebenssituation ist so schlecht, daß sie nicht doch auch Kräfte wecken würde, die für die Weiterentwicklung genutzt werden können. Für das Gelingen scheint besonders wichtig zu sein, daß nicht vergessen wird, was einmal gut war im Leben, daß überhaupt in allen Gefahren und Widrigkeiten auch die Erinnerung daran bleibt, was gut war, was vielleicht immer noch und auch in dieser Situation hilfreich sein könnte. Das heißt aber auch, daß in Situationen des größten Selbstzweifels auch daran gedacht wird, daß es auch die Seiten gibt, die man akzeptieren kann.

Dieses alles zu tun, was in der eigenen Macht liegt, und sich dann helfen lassen, offen zu sein für rettende Einfälle, scheint eine Grundregel für das gelingende Leben im Märchen zu sein. Das erfordert zum einen eine sehr aktive Einstellung dem Leben gegenüber mit viel Mut zur Angst, zum anderen eine kontemplative (oder mediative) Einstellung, die offen ist für Einfälle.

Vielleicht gelingt das Leben den Märchenheldinnen und Märchenhelden, weil sie nicht sagen: Es geht nicht, oder es geht nur vorübergehend, sondern: „Es muß doch einen Weg geben."[22]

Die Haltung des Märchenhelden oder der Märchenheldin in diesen Übergangssituationen kann auf das Erleben im Alltag übertragen werden. Die Märchen vermitteln die Hoffnung, daß auch in einer eigentlich hoffnungslosen Situation, in der man das Gefühl hat, daß das gewohnte Leben zusammenbricht, dennoch etwas Neues sich anbahnt, wichtige neue Erfahrungen für das künftige Leben möglich sind, auch wenn deren Sinn zunächst überhaupt nicht eingesehen werden kann.

Die Märchen regen uns weiter an, uns während der Übergangsphasen ein Moratorium zu gestatten, weil gerade in dieser Zeit der Zugang zu den Ressourcen gefunden wird, die uns helfen, unsere Identität und unseren Selbstwert wieder zu stabilisieren.

In Übergangsphasen sind wir nicht mehr selbstverständlich identisch mit uns, wir werden uns fraglich – gelegentlich auch fragwürdig. Selbstreflexion, Selbstzweifel – immer vorausgesetzt, das Selbstwertgefühl bleibt hinreichend gut – schaffen die Möglichkeit von Neuorientierung, von Aufbruch. Das hieße praktisch, daß wir auch bei äußeren Krisen, zum Beispiel Arbeitslosigkeit, die Zäsur zunächst akzeptieren, also uns nicht sofort schon wieder auf die Suche nach dem Neuen machen. Das müßte man auch in den Gruppen für und mit Arbeitslosen bedenken.

Die Notwendigkeit zum Neuaufbruch, die in den Lebensübergängen zwingend erfahren wird und die die Motivation ersetzen, sich der Veränderung zu stellen, erleben wir auch im Zusammenhang mit Krisen, dort allerdings dramatischer.

# Die labile Phase auf der Höhe der Krise

Wir wissen: Die Krise kann Verkrustetes, Gewohntes, nur Normalität gewohnte Schwierigkeiten aufbrechen. Die Krise kann die Motivation zur Veränderung ersetzen. Warum? Die Angst, die mit der Krise verbunden ist, ist vordergründig meistens eine Angst zu scheitern. Mehr in der Tiefe ist sie die Angst der Persönlichkeit, sich nicht verwirklichen zu können[23]. Diese Angst zeigt, daß die normalen Abwehrmechanismen, mit denen wir in der Regel mittlere Ängste bewältigen, nicht mehr funktionieren. Durch den dadurch ausgelösten psychophysiologischen Streß können alte Bahnungen leichter gelöscht werden, neue werden eher möglich. So erklärt dies Luc Ciompi[24], der über Erfahrungen mit der provozierten Krise geschrieben hat. Eine Krise kann provoziert werden, in dem man bei Menschen, die in einer stagnierenden Lebenssituation stecken, für die Veränderung aber dringend notwendig ist, die noch verbliebenen Gegenregulationsmittel unterbindet. Dadurch wächst die Angst, und mit liebevoller Unterstützung, bei der auch der Selbstwert gestützt wird, kann ganz praktisch verändertes Verhalten erzielt werden.

Ciompi berichtet von einer sehr ängstlichen Patientin, die sich auf der Station in der Klinik eingerichtet hatte, dort auch geschätzt war, aber weil sie die Station nicht verlassen wollte, war es zum Beispiel nicht möglich, ihre Zähne repa-

## Die labile Phase auf der Höhe der Krise

rieren zu lassen. Als dies dringend nötig wurde, das Team also in eine Krise geriet, entschloß es sich, eine Krise bei ihr zu provozieren. Die Patientin wurde auf eine andere Station versetzt, und man entzog ihr alle Arbeiten, die ihr bisher Anerkennung gegeben hatten – man nahm ihr also ihre wichtigsten Gegenregulationsmittel. Sie geriet in eine angstvoll-depressive Krise, wurde dabei liebevoll begleitet, und sie wurde in einer Art Verhaltenstherapie mit ihren Problemen konfrontiert. Sie konnte anschließend als Hilfskraft in einem Heim für Betagte arbeiten.

Was kann man daraus lernen? Die Krise kann die Motivation für Veränderung ersetzen, auf dem Höhepunkt der Krise kann besser als sonst verlernt und wieder neu gelernt werden. Ich gebe aber meinen Ansatz der „kreativen Krise" nicht auf, denn die Frage ist ja immer, in welchem Moment man eine solche Krise provozieren kann. Oder anders gefragt, könnte man eine Krise provozieren, wenn es nicht der gute Moment dafür wäre, der Moment, in dem innerlich eben etwas bereit geworden ist durch Entwicklung oder Reifung oder wie immer man das nennen will?

Klar ersichtlich ist auch, daß auf der Höhe der Krisensituation auch Träume leichter zu verstehen sind als sonst, die Abwehr ist vermindert, und das Leben ist so sehr auf ein Thema hin ausgerichtet, das Thema der aktuellen Krise. So werden zum Beispiel Erfahrungen von Verlust in Träumen verarbeitet. Diese Träume sind von den Trauernden selber viel einfacher zu verstehen, als es die Träume sonst sind[25]. Aber auch das Wahrnehmen der Gegenübertragungsgefühle, der Gefühle, die Helfende in der Krise dem in der Krise steckenden Menschen und der Problematik als solcher entgegenbringen, ist einfacher – wenn man nicht selbst von der

Panik angesteckt ist –, man hat dann auch selber weniger einen Gegenübertragungswiderstand und ist auf ein Thema konzentriert, das Thema der Krise. Diese Gegenübertragungsgefühle können sehr wichtig sein, weil sie den helfenden Menschen signalisieren, wie sich der Mensch in der Krise fühlt, ob es ihnen gelingt, ihn zu entängstigen, ob ein neues Lebensthema zu erspüren ist, aber auch, ob Ressourcen erlebbar werden.

Den Höhepunkt der Krise könnte man auch mit der Chaostheorie verstehen: Ein neuer Attraktor gewinnt endlich eine kritische Menge, das heißt, ein Umschwung ist möglich. Und in diese Situationen haben kleine Veränderungen große Wirkungen. Dennoch kann dieser Moment, in dem besser verlernt und neu gelernt werden kann, diese Labilität, nicht immer genützt werden. Es stellt sich die Frage, wann denn eine Krise zu einer Chance wird, wann zu einer Falle.

Die Beantwortung dieser Frage steht und fällt mit dem Umgang mit der Angst des Menschen in der Krise – und mit seinem oder ihrem Selbstwertgefühl, seinem oder ihrer Identität.[26]

Da zunehmende Einengung – als Folge der Angst – die Eigendynamik der Krise bewirkt, gilt es, hier anzusetzen, vor allem auch, um das anstehende Lebensthema entbinden und die drängenden äußeren Probleme lösen zu können.

# Vom Umgang mit der Angst

Natürlich weiß man, daß man sich der Angst stellen und mit ihr umgehen sollte, daß man sich nur so entwickelt und in der Auseinandersetzung mit den Bedrohungen, die immer da sein werden, kompetent wird. Man weiß dies alles, weicht aber der Angst immer wieder aus; dann traut man sich mit der Zeit überhaupt nichts mehr zu, wird immer ängstlicher, immer lebensuntüchtiger und in der Regel auch immer abhängiger von Menschen, die angeblich besser zu leben verstehen, das Leben besser im Griff haben. Man zieht sich zurück, man entwickelt Tendenzen, alles im Leben kontrollieren zu wollen, und verweigert sich den Wandlungen des Lebens.

Angst gehört zum Menschen, sie ist ein wichtiges Anzeichen dafür, daß wir in einer Situation, die Angst auslöst, achtsam sein müssen, achtsam mit dem Leben umgehen müssen. Angst ist also Emotion, die wir dann erleben, wenn wir uns bedroht fühlen oder ein bedrohliches Ereignis erwarten, uns zugleich aber dieser Situation hilflos ausgeliefert fühlen.

Angst ist ein emotionaler Zustand des Organismus, sie ist gekennzeichnet durch einen betont als unangenehm erlebten Erregungsanstieg. Gleichzeitig nimmt man eine komplexe mehrdeutige Gefahrensituation wahr, in der eine adäquate Reaktion nicht möglich erscheint. Angst setzt dann ein, wenn etwas, das uns persönlich als sehr wertvoll erscheint, in Gefahr ist. Die Angst bringt uns dann dazu, das für uns Wertvolle zu erkennen, es zu retten oder neue Werte zu schaffen. Um das zu können, müssen wir aber zunächst die Angst zulassen. Da die Angst aber als unangenehm erlebt wird und es auch nicht gerade ein gesellschaftlich anerkannter Wert ist, Angst zu haben und sie auch auszudrücken, versuchen wir uns so rasch als möglich von ihr zu befreien. Frauen dürfen etwas eher Angst zulassen als Männer. Ob wir aber Angst zulassen können, entscheidet darüber, ob wir uns verändern und ob wir die Umwelt verändern.

Mut zur Angst ist also gefragt. Selbstverständlich ist damit nicht der ängstliche, ständig zögernde Mensch gemeint, dessen Unentschlossenheit gerade schon die Folge davon ist, daß der Mut zur Angst fehlt, sondern Menschen, die in bestimmten Situationen spüren, daß sie in ihrem Eigensten bedroht sind, daß das Leben jetzt bedroht ist, die betroffen sind von diesem Spüren und Abhilfe schaffen wollen. Je besser unser aktuelles Selbstwertgefühl ist, um so besser können wir die Angst zulassen, weil wir darauf vertrauen, mit ihr auch umgehen zu können.

Der Umgang mit der Angst ergibt sich aus dem Wesen der Angst. Ich werde einige Aspekte herausgreifen. Diese verschiedenen Aspekte der Angst haben jeweils auch verschiedene Therapierichtungen begründet.

Angst äußert sich als *Spannung.* Insofern wird alles, was uns *entspannt,* zur Entängstigung beitragen.

Angst setzt dann ein, wenn wir eine komplexe, mehrdeutige Gefahrensituation wahrnehmen, das erfüllt uns mit *Ungewißheit.* Ungewißheit stiftet Verwirrung. Können wir diese Ungewißheit aushalten, stellt sich nach einiger Zeit wiederum eine neue Gewißheit ein. Alle schöpferischen Prozesse beginnen damit, daß man verunsichert ist, daß man verwirrt ist, daß man aber unbedingt etwas erkennen will und ein Problem lösen möchte. Im schöpferischen Prozeß muß diese Verwirrung ausgehalten werden. Verwirrung auszuhalten ist aber kein erstrebenswerter Wert in unserer Gesellschaft: Wir sollen immer ganz schnell wieder Gewißheit haben, den Durchblick haben. Das bedeutet aber oft auch, daß wir keine kreativen Lösungen finden, sondern nur die allernotwendigste Anpassung an die neue Gegebenheit leisten.

In Zeiten der Ungewißheit sind wir auch bereiter, auf Einfälle zurückzugreifen, Träume wahrzunehmen, in der Phantasie etwas auszuprobieren. Das können wir aber alles nur, wenn wir nicht zu sehr Angst haben, wenn die Angst uns nicht zu sehr lähmt. Fühlen wir uns in einer Situation bedroht, sind wir verwirrt, so suchen wir Sicherheit. Das Gefühl der *Hilflosigkeit* verlangt nach Hilfe. Wir suchen dann meistens Menschen, auf die wir uns verlassen können, die von der Situation weniger gelähmt sind. Problematisch wird es dann, wenn wir anderen Menschen sozusagen die Verantwortung über unser Leben übergeben.

Wünschenswert wäre es, daß wir Menschen finden, die sich durchaus auch betreffen lassen, die aber soviel Grundvertrauen ins Leben leben – oder durch ein Wir-Gefühl miteinander aufbauen –, daß miteinander die bedrohliche Situation wirklich gesehen werden darf, daß Unsicherheit als Normalität einem Leben gegenüber begriffen wird, in dem nur das Eintreten des Todes gewiß ist, und daß schöpferische Vorschläge zur Veränderung der Situation wahrgenommen und aufgenommen werden können. Das Erleben eines Wir-Gefühls ist dabei außerordentlich wichtig, sind wir doch in

Situationen, in denen wir uns ängstigen, in unserer Identität fast vernichtet. Der Verlust der gewohnten Identität kann zum Beispiel so erlebt werden, daß man sich selber nur noch als Angstperson wahrnimmt. Diese sieht bei den verschiedenen Menschen verschieden aus, sie ist aber immer hilflos und meistens auch kopflos. Viele Menschen aber treffen in ihrer Suche nicht ihre Angstperson, sondern immer nur ihre Aggressions- oder Destruktionsperson. Solche Menschen wehren die Gefühle der Angst und der Vernichtung ab, indem sie andere ängstigen und indem sie zerstören. Durch die im zerstörerischen Handeln erlebbare Ichaktivität ist der Selbstwert für eine kurze Zeit stabilisiert, nachfolgende Schuldgefühle allerdings bewirken, daß der Selbstwert erneut unter Druck gerät. Und die erneut auftretenden Angstgefühle werden dann mit noch mehr Destruktivität beantwortet; dadurch entsteht leicht eine Spirale der Destruktivität.

Im Wir-Gefühl hingegen – möglichst entstanden aus der Zugehörigkeit zu Menschen, die von uns wissen, daß wir auch mehr sind als diese Angstperson – finden wir eine gewisse Geborgenheit, die uns auch wieder mehr zu unserem ausgeglicheneren Selbstwertgefühl zurückbringen kann. Dieses Angewiesensein auf das Wir-Gefühl kann sich natürlich auch fatal auswirken, wenn man dieses „Wir" bei Menschen findet, die die anstehenden Änderungen nicht sehen wollen. Leider können Gruppen, die ein sehr einfaches, ideologisches oder ein sehr aggressives Programm haben, leichter ein starkes Wir-Gefühl vermitteln als Gruppen, die sich nicht im Besitz *der* Wahrheit wähnen, die selber auf der Suche sind, immer wieder auch überprüfen, ob das, was sie vorschlagen, wirklich auch zu verantworten ist. Hier ist auch anzumerken, daß durch das Erzeugen von Angst Menschen sehr leicht manipuliert werden können. Man macht Menschen durch das Schüren von ganz basalen Ängsten unsicher und hilflos: Angst vor Verlust der Arbeit, Angst vor Verlust der Wohnung, Angst, nicht mehr genug Geld zu haben für den Lebensunterhalt, Angst, die Partnerin, den Partner zu verlieren. Zusammen mit einer einfachen Ideologie, die die vermeintlichen Sündenböcke für diese Misere deutlich und eindeutig markiert, verunsichert dies ungemein. Dann wird versprochen, ganz schnell und einfach Abhilfe zu schaffen, indem die Sündenböcke in irgendeiner Weise entfernt werden. Ist das alles noch gekoppelt mit dem Versprechen, daß das Anliegen notfalls auch militant durchgesetzt wird, dann spüren die Geängstigten, daß sich hier jemand wenigstens noch um sie und ihre Verzweiflung kümmert. Etwas „machen" zu können oder die Aussicht, „dreinschlagen" zu können, gibt die Möglichkeit, sich für einen Moment in der Ichaktivität zu spüren, was aber bereits wieder etwas entängstigt, indem die Hilflosigkeit vermeintlich überwunden ist; die Identität ist für einen Moment gerettet, aber eben nur für einen Moment.

Menschen in manipulatorischer Absicht zu ängstigen, ist etwas vom Unethischsten, was wir tun können, und doch wird es tagtäglich getan. Und man kann sich geradezu die Frage stellen, wieviel Angst zu setzen ist, damit Menschen einem ideologischen Programm in der Folge unkritisch folgen. Solcher Umgang mit der Angst ist nicht konstruktiv.

Wenden wir uns also wieder dem konstruktiven Umgang mit der Angst zu: Sicherheit aus der Hilflosigkeit heraus zu gewinnen, versuchen wir auch dadurch, indem wir einerseits die Angst, andererseits die Gefahren kontrollieren können. Wir sprechen dann auch von Angstkontrolle und von Gefahrenkontrolle.

*Angstkontrolle:* Unser Ich hat die Möglichkeit, unlustvolle Gefühle, Affekte, Wahrnehmungen, die uns gefährlich werden können, vom Bewußtsein fernzuhalten, indem wir etwa die Probleme rationalisieren, intellektualisieren, emotionalisieren etc. Wir können Abwehrmechanismen einsetzen. Das ist eine Leistung des Ichs, es nimmt damit gleichsam Schutz- und Bewältigungsaufgaben wahr. Sinn dieser Abwehrmechanismen, die gelegentlich auch Bewältigungsmechanismen genannt werden, wäre es, soviel Angst vom Ich wegzunehmen und damit soviel Selbstgewißheit zu schaffen, daß das Ich wieder in die Lage kommt, das anstehende Problem wirklich zu sehen und sich auch wieder auf die schöpferischen Potenzen zu besinnen. Diese Abwehrmechanismen helfen uns also, mit der Angst umzugehen. Werden sie indessen einseitig, können sie zum Beispiel Angstkrankheiten verursachen, daß Menschen immer mehr Angst haben und deshalb auch immer mehr abwehren müssen.

*Gefahrenkontrolle:* Sicherheit versuchen wir auch dadurch zu gewinnen, daß wir die Gefahren kontrollieren, also immer wieder versuchen, Gefahrenquellen im Leben auszuschalten, das Leben vermeintlich immer ungefährlicher zu machen, zum Beispiel durch Vorschriften und Gesetze, die die Gefahren minimieren oder gar ausschließen sollen. Unsere komplizierte Auseinandersetzung mit den Fremden, die auch in einer persönlichen Auseinandersetzung mit dem Fremden wurzelt, soll etwa durch Gesetze über Einwanderung entschärft und dadurch aus dem Bereich des Ängstigenden herausgeholt werden. Weil wir Angst haben, betrogen zu werden, gibt es ein Gesetz, das das Betrügen verbietet. Auch unsere Tendenz, gegen alles und jedes eine Versicherung abzuschließen, hat mit der Gefahrenkontrolle zu tun.

Diese Art der Gefahrenkontrolle suggeriert uns, daß wir alle Gefahren im Griff haben oder zumindest in den Griff bekommen können – alles ist machbar. Problematisch wird diese Form der gemeinsamen Angstbewältigung dann, wenn wir uns darauf verlassen, daß jede Gefahr auf diese Weise kontrolliert werden kann, aber auch kontrolliert werden muß. Diese Kontrolle muß dann von einer Gruppe initiiert werden, die diese Gefahr sieht. Die Problematik besteht darin, daß die Überängstlichen immer mehr Gefahrenkontrolle fordern, dadurch werden wir schließlich immer mehr Gesetze bekommen. Die Angst wird dann übrigens nicht mehr dort erlebt, wo sie hingehört, sondern verschoben erlebt, etwa als die Angst, gegen eines der vielen Gesetze zu verstoßen. So hat etwa ein Autofahrer Angst, eine Buße zu bekommen, weil er die Geschwindigkeitsbegrenzung überschritten hat, aber nicht, weil er mit seinem Rasen einen Menschen töten könnte. Die Angst hat dann ihren Sinn, zu warnen, verloren. Die Bewältigung der Angst wird so aber auch in die Obhut der Autoritäten gegeben, von denen man annimmt, daß sie sowohl die Gefahren erkennen können als auch wissen, wie ihnen zu begegnen ist. Das bedeutet aber weiter, daß der einzelne politisch passiv wird, daß er oder sie sich anpaßt, das heißt auch, daß das Handeln ichfremd bleibt, es deshalb letztlich, falls nicht zusätzlich Angst vor der Autorität besteht, nicht wesentlich ist, ob dieses Handeln stattfindet oder unterbleibt. Ichfremdes Handeln, Apathie im Zusammenhang mit der Lebenswelt bewirken aber, daß wir im Bereich der Ichaktivität, einem wichtigen Aspekt des Gefühls der Identität, geschwächt sind. Das heißt aber: Wir werden noch leichter durch Angst aus unserer Ruhe gebracht.

Was vorübergehend im Umgang mit der Angst helfen kann, diese erträglicher zu machen, wird, gewohnheitsmäßig angewendet, mehr Angst erzeugen. Wird die *Bedrohung* aktuell erlebt, versucht man, die aktuell erlebten Befürchtungen zu analysieren, meistens auch mit anderen Menschen zusammen. Diesen Aspekt der Angstbewältigung heben die tiefenpsychologisch orientierten, analytischen Methoden in das Zentrum ihres Interesses. Sehen wir die Bedrohung dort, wo sie auch wirklich ist, sehen wir sie in etwa richtig? Wir wissen, daß wir die Bedrohungen nicht wirklich objektiv wahrnehmen können: Sie stehen einerseits immer in einem Zusammenhang mit unserer Lebensgeschichte, mit unserer persönlichen Geschichte der Bedrohungen, andererseits auch mit dem Grundvertrauen, das wir in das Leben haben, und das uns mehr oder weniger dazu befähigt, vertrauensvoll schwierige Situationen anzugehen.

Wenn eine Bedrohung erfahren wird, so steht damit auch immer ein Wert, der in Gefahr ist, im Zusammenhang. Die Angst wirksam bekämpfen können wir dann, wenn wir einen Wert, der in Gefahr ist, durch einen anderen, höheren Wert ersetzen können. So könnte zum Beispiel der Wert, das Gesicht unter keinen Umständen zu verlieren, durch den Wert, in einer Situation echt und authentisch zu reagieren, ersetzt werden – auch wenn man in einer Situation das Gesicht verliert. Der Wert einer makellosen Persona würde damit durch den Wert von mehr existentieller Echtheit ersetzt.[27] Der Wert der wenig veränderten statischen Identität könnte zum Beispiel ersetzt werden durch den Wert einer flexiblen Identität. Das wäre eine Identität, die in ständiger Veränderung und in einer Auseinandersetzung mit dem Fremden ist. Wir sind es gewohnt, in alten Wertordnungen zu denken. Doch gerade die Wertkrise könnte dazu führen, daß wir uns klar machen, welche neuen oder anderen Werte unsere bedrohten Werte zumindest für den Moment gültig ersetzen könnten.

In der therapeutischen Arbeit fällt zudem auf, daß in unseren Träumen und Phantasien vieles auftaucht, was Angst macht, so daß die jeweiligen Ängste auch in ihrer Genese deutlich werden, daß viele Situationen jedoch auch geradezu Angst bannen, Mut machen, zur Angriffslust stimulieren, zur Verteidigung von bedrohtem Liebgewordenen. Dabei werden durchaus – zunächst auf die Individuen bezogen – Lebenswerte deutlich, die nicht den gängigen Werten entsprechen und die zur Entängstigung beitragen könnten, wenn wir sie ernstnähmen.

Natürlich kann man sich ängstigende Situationen auch vorstellen und dann in der Vorstellung Lösungen finden. Man kann sich auch in ängstigende Situationen hineinbegeben und sich auf diese Weise der Angst stellen. Manchmal wird man sich in einer Therapie allerdings gar nicht so sehr mit der Angst beschäftigen, sondern mit dem Selbstwertgefühl. Man wird versuchen, ein hinreichend gutes Selbstwertgefühl zu erreichen. Das geschieht meistens, indem man ausschließt, was das Selbstwertgefühl immer wieder beeinträchtigt.

Je schlechter unser Selbstwertgefühl ist, umso leichter werden wir uns ängstigen. Mit einem besseren Selbstwertgefühl ängstigen wir uns weniger, und wir können dann die Angst, die wir erfahren, besser akzeptieren und daher auch produktiver mit ihr umgehen.

Vom Umgang mit der Angst

## Angst teilen und Kompetenzen sammeln

In der Emotion Angst liegen viele Ansatzpunkte, um sich konstruktiv mit ihr auseinanderzusetzen. Dabei ist eine wichtige Möglichkeit der Entängstigung, die Angst mit anderen Menschen zu teilen. Wer in einer Krise überzeugt ist, daß ein anderer Mensch helfen kann, der oder die hat schon einen wichtigen Schritt zur Bewältigung der Krise getan. Es ist also wichtig zu akzeptieren, daß Angst ein sinnvolles Gefühl ist, das uns zeigt, daß wir bedroht sind und Abhilfe schaffen müssen und daß dabei das Gespräch über die Angst eine vorzügliche Möglichkeit ist, mit der Angst umzugehen. Denn im Gespräch teilen wir nicht nur die Angst, wir verarbeiten sie auch. Wir werden natürlich nicht nur über die Angst sprechen, sondern auch über die Situation, die in uns Angst auslöst. Je besser und je emotionaler wir über diese Situation sprechen können, und je besser der andere Mensch uns zuhören kann, um so mehr wird es gelingen, sich im Gespräch zu entängstigen. Im primär vorstellungsbezogenen Sprechen, im Erzählen wird Erfahrung prozeßhaft als aktuelles Geschehen re-inszeniert, der Erzähler übernimmt alle Rollen der beteiligten Personen und verstrickt sich erneut in den Sachverhalt. Dabei geht es sowohl um die Sache selbst, aber auch darum, sich selbst darzustellen, persönlichen Wesenszügen Ausdruck zu verleihen und Konflikte zu benennen. Und dies alles ist an einem oder mehreren Hörerinnen orientiert. In diesem Prozeß entsteht eine spezielle Wirklichkeit, die sich von der ihr zugrundeliegenden Erfahrungswirklichkeit unterscheidet, ohne deshalb unwirklich zu sein. Wir kennen diesen Sachverhalt aus unserem Leben: Man macht eine schreckliche Erfahrung, denkt aber bereits daran, daß diese einmal Stoff für eine „gute" Geschichte geben wird und überlegt auch schon, wem man diese Geschichte erzählen wird. Kinder denken ganz oft: Wenn ich das meiner Mutter erzähle, die wird sich aber wundern oder einen Schreck bekommen. Die Vergangenheit wird durch das Erzählen so lebendig, als wäre sie gegenwärtig. Dies geschieht vor allem aufgrund des gemeinsamen Vorstellungsraumes, der es ermöglicht, eine Erinnerung lebendig darzustellen und sie – je nach Situation – etwas zu verändern. Wenn wir erzählen, öffnet sich ein Zeitraum: Das nicht mehr Präsente und das noch nicht Präsente wird im Erzählen präsent, wird in der Erzählung gestaltete und zum Umgestalten freigegebene Gegenwart. Die zeitlich strukturierten Lebenszusammenhänge kommen besonders in Erzählungen zum Ausdruck. Jeder, der etwas erzählt, steht sozusagen unter Zugzwang, doch eine irgendwie gute Geschichte zu erzählen. Das bewirkt nun zusätzlich, daß in diesem Vorstellungsraum auch das zunächst Ungesagte zu Wort kommen kann, daß Verdrängtes in der Geschichte präsent ist oder auch Teile überdeutlich fehlen. Diesen Vorstellungsraum stellt man nicht mit jedem Menschen her. Es ist nicht zu verschweigen, daß man gewissen Menschen keine Geschichte erzählen mag, anderen mag man nicht zuhören. In dem gemeinsamen Erzähl- und Vorstellungsraum kann man das, was ängstigt, so zur Sprache bringen, daß auch die Möglichkeit aufleuchtet, wie man damit umgehen kann. Auch in Gesprächen über und im Umgang mit der Angst wird immer wieder auch das Thema einer Umgewichtung von Werten wichtig: Ist es wirklich der höchste Wert im Leben, das Gesicht nicht zu verlieren, gibt es nicht vielleicht noch höhere Werte?

Besonders wichtig scheint mir zu sein, daß wir lernen, Ungewißheit zu ertragen, daß wir uns von einer Pseudogewißheit ablösen, die uns suggeriert, daß wir alles „im Griff" haben. Möglicherweise ist es unsere Aufgabe als heutige Menschen, endlich zu akzeptieren, daß sehr vieles ungewiß ist und daß man sehr wohl mit viel Ungewißheit weiterleben kann und es eigentlich auch noch nie anders war. Heute können wir uns zu dieser Ungewißheit bekennen und müssen keinem Gott, keiner Göttin, keinem König mehr Gewißheit delegieren. Der Mut zur Ungewißheit und damit zur Angst ist ein Mut zum Risiko, aber auch der Mut zur Freiheit. Dieses Risiko können wir eingehen, wenn wir es uns zugestehen, auch immer wieder einmal zu scheitern.

Die Hilflosigkeit, die eigentlich die Angst auslöst, läßt uns nach Kompetenzen suchen. Wir alle kennen das Schlagwort vom lebenslangen Lernen. Doch wir bringen alle auch schon sehr viele Kompetenzen mit, die wir im Laufe unseres Lebens erworben haben, auch für den Umgang mit schwierigen Lebenssituationen. Jeder Mensch hat schon unzählige sehr schwierige Situationen in seinem Leben bestanden, schwierige Probleme gelöst. Diese Form der Kompetenz vergessen wir aber leicht oder achten sie gering. Wir brauchen dann jeweils dringend einen Menschen, der sie uns wieder ins Gedächtnis zurückholt und die notwendige Wertschätzung einbringt. Es wäre eine lohnenswerte Aufgabe für jeden Menschen, einmal seine „gesammelte Kompetenzen" wahrzunehmen und zu benennen.

# Der Trauerprozeß als Lebensübergang

Nun gibt es nicht nur im Märchen Anweisungen, wie mit Lebensübergängen umzugehen ist. Noch präzisere Aussagen finden wir in der Theorie des Trauerprozesses. Der Verlust von Menschen oder von etwas, das einen großen Wert in unserem Leben dargestellt hat, bewirkt eine Zäsur im Leben, und der Trauerprozeß kann einen Menschen aus einer schweren Identitätskrise führen, die mit diesem Verlust einhergeht.

Wir sind vom Gefühl der Trauer erfaßt, wenn wir einen Menschen oder ein Gut verloren haben, der oder das für unser Leben einen besonderen Wert dargestellt hat. Mit diesem Gefühl der Trauer verbunden sind Gefühle des Kummers, der Angst, des Zorns, der Schuld usw. Das Erleben und das Zulassen dieser Gefühle bewirkt, daß wir in einen Trauerprozeß eintreten. Und das heißt, daß wir uns in einen Entwicklungsprozeß begeben, durch den wir langsam – und sehr schmerzhaft – lernen, den Verlust zu akzeptieren und ohne den Menschen, den wir verloren haben, ohne das Gut, das wir verloren haben, aber mit allem, was dieser Mensch in uns geweckt, was dieses Gut in uns belebt hat, und was wir nicht verloren geben müssen, uns wieder neu auf das Leben einzulassen.

Psychologisch gesehen lösen wir uns im Trauerprozeß von einem Menschen, den wir verloren haben, so ab, daß wir ihn oder sie freigeben können. Wir können dabei die Erinnerung an die gemeinsame Zeit und an das, was durch die Beziehung gewachsen ist, in uns neu beleben und auch ein erstes Mal als Gesamterfahrung der Beziehung erleben. Dabei finden wir uns selbst wieder neu als Menschen, die vom Leben dieses verstorbenen Menschen abgelöst sind. Wir organisieren uns von einer Beziehungsidentität auf die individuelle Identität zurück.

## Die Notwendigkeit zu trauern

Daß wir trauern müssen, ist eine Folge davon, daß zum menschlichen Leben die Zeit und damit auch der Tod gehören. Trennungen, Verluste, Veränderungen gehören zu unserem Leben. Es wäre offensichtlich schrecklich, würden sie nicht zu unserem Leben gehören, denn dann würde sich nie etwas verändern, wir dürften keine Lebenssituationen je verlassen, wir wären unsterblich, müßten ewig leben, ohne Veränderungen. Der Tod ragt in der Gestalt der Veränderungen in unser Leben schon immer herein. Müßten wir nicht immer wieder auch Abschied nehmen, verlöre das, was ist, an Wert. Und gerade weil das Leben angesichts des Todes für uns Menschen so wertvoll ist, schmerzt es uns, wenn wir einen Menschen, der uns ein mehr an Lebendigkeit, an Lebensintensität gegeben hat, verlieren.

Es ist wichtig für unsere Gesundheit, daß wir uns unseren Trauerprozessen stellen. Oft sind Mitauslöser oder gar Auslöser von depressiven Erkrankungen und funktionellen Beschwerden Verluste, die nicht betrauert worden sind, sei es, weil Trauern als „Schwäche" abgetan wird und die jeweiligen Personen daher versuchen, möglichst unberührt von den

## Der Trauerprozeß als Lebensübergang

Schicksalsschlägen ihr Leben weiter zu gestalten, oder sei es, weil die Verluste nicht als betrauernswert betrachtet werden, wie etwa der Verlust eines Partners oder einer Partnerin durch Trennung oder Scheidung. Bei jedem Trennungsprozeß verlieren wir einen Menschen, der für unser Leben sehr wichtig gewesen ist, wir verlieren daneben auch Hoffnungen, die mit diesem Menschen verbunden waren, und wir müssen unser Selbstbild wesentlich verändern. Ein wichtiger Lebensübergang steht an, der meistens mit einer Identitätskrise verbunden ist, in dem Sinne, daß die Identität wieder neu bestimmt werden muß, und zwar als einzelner Mensch, ohne den Partner oder die Partnerin, von dem oder der man sich getrennt hat. Für solche Lebensübergänge, die mit einem neuen Selbstbild und der Akzeptanz des Vergangenen verbunden sind, sind wir meistens nicht besonders gut gerüstet. Das auch deshalb nicht, weil es keine traditionellen Rituale zum Umgang damit und zu deren Bewältigung gibt.

Der Trauerprozeß ist eine Möglichkeit, einen solchen Lebensübergang zu bestehen. Bei Trennung und Scheidung ist also ein Trauerprozeß angesagt, auch wenn die Mitwelt dafür wenig Verständnis zeigt.

Wie würde man reagieren, würde man ein Trauerjahr fordern für Menschen, die eine Partnerschaft aufgelöst haben? (Schließlich ist es ja der „Tod einer Partnerschaft"!)

Im folgenden beschreibe ich den Trauerprozeß beim Verlust eines geliebten Menschen durch den Tod.

## Trennung und Trauer

Der Trauerprozeß und die Trauerarbeit müssen im Zusammenhang mit der Beziehung gesehen werden, aus der wir uns durch den eingetretenen Verlust herauslösen müssen. Wenn wir zu einem Menschen eine intensive Beziehung aufbauen, dann wachsen wir mit ihm zusammen. Und immer geht es auch ums „Zusammenwachsen". Deshalb sagen viele Trauernde, sie würden sich jetzt wie entzweigerissen fühlen, sich wie eine blutende Wunde anfühlen, sich entwurzelt vorkommen. Der Prozeß dieses gemeinsamen miteinander Verwachsens wird durch den Tod abrupt unterbrochen und verändert das ganze Leben, man versteht sich selbst nicht mehr, man versteht die Welt nicht mehr, man fühlt sich fremd, sowohl sich selbst gegenüber als auch der Welt gegenüber. Wir geraten in eine Identitätskrise und müssen unsere Identität wieder neu bestimmen. Im Verlaufe der Trauerarbeit organisieren wir uns von einem Beziehungsselbst auf unser individuelles Selbst zurück: d. h., wir müssen uns wieder auf uns selbst als einzelne besinnen, neu auch wieder einen eigenen Bezug zur Welt finden. Der Verlust betrifft unser ganzes Leben, besonders wenn es sich um den Verlust eines uns sehr Nahestehenden handelt.

So ist denn der Trauerprozeß ein sehr schmerzhafter Prozeß, der eine eigentümliche Lebendigkeit hat, der viel Kraft und Zeit kostet und uns zwingt, uns mit uns selbst und mit der Beziehung, die abgebrochen worden ist, auseinanderzusetzen. Doch er eröffnet uns auch die Möglichkeit, neu mit uns selbst in Kontakt zu treten, aus der Gewohnheit auszutreten und vieles über unser Beziehungsverhalten neu zu lernen.

Der Trauerprozeß ist für den Menschen, der ihn durchsteht, ein einsamer Prozeß. Trauernde machen es ihren Mitmenschen meistens schwer: Sie gehen nicht auf sie zu, gelten oft auch als anspruchsvoll – denn eigentlich möchten sie den verstorbenen Menschen zurückhaben –, und sie verlieren in der Regel auch das Verbindliche. Der Trauerprozeß bringt es mit sich, daß sehr deutlich unterschieden wird zwischen dem existentiell Wesentlichen im Leben und dem Beiwerk – und auf das Beiwerk kann der Trauernde keine Rücksicht nehmen. Er versteht sich selbst und die ganze Welt nicht mehr, muß sich neu orientieren und befindet sich in einer Krise. So ist die Beziehung von beiden Seiten, von den Trauernden und von denen, die Trauernde in ihrer Trauer begleiten wollen, erschwert. Die beste Art, einen trauernden Menschen zu begleiten, ist es, da zu sein, seine Gefühle aufzunehmen, die Geschichten mitanzuhören, die erzählt werden, oder auch selber zu erzählen, wie man den verstorbenen Menschen erlebt hat. Wesentlich ist es, die Gefühle des Trauernden aufzunehmen, ohne diese verändern zu wollen. Das bedeutet aber, daß wir Gefühle des Kummers, der Angst, des Zorns, der Verzweiflung bei einem anderen Menschen aushalten und akzeptieren.

## Trauern als Prozeß

Aus der Beobachtung von trauernden Menschen beim Tod eines von ihnen geliebten Menschen, besonders auch aus den Träumen, die Trauerprozesse regelmäßig begleiten, kann der typische Ablauf eines Trauerprozesses beschrieben werden.[28]

Dieser Trauerprozeß kann mit leichten Modifikationen, die jeweils zu beschreiben sind, auf andere Formen des Verlustes wie Trennung und Scheidung, Ablösung von den erwachsen gewordenen Kindern[29] oder der Diagnose einer möglicherweise lebensbedrohlichen Krankheit[30] übertragen werden.

Die erste Phase des Trauerprozesses nenne ich

*die Phase des Nicht-wahrhaben-Wollens:*
Man weigert sich zunächst zu glauben, daß ein Mensch wirklich gestorben ist, man steht unter Schock und versucht sich dadurch vor den Gefühlen des Verlustes zu retten, daß man sich einredet, alles wäre nur ein böser Traum, aus dem man erwachen werde.

In dieser ersten Phase, die Stunden oder Tage dauern kann, wirken die Menschen wie erstarrt. Sie geht dann in die zweite Phase,

*die Phase der „aufbrechenden chaotischen Emotionen"*
über, die nicht selten beim Anblick der Leiche beginnt, dann also, wenn wir den Verlust nicht mehr verdrängen können. Chaotisch nenne ich diese Emotionen deshalb, weil verschiedene, auch sich widersprechende heftige Gefühle erlebt werden: Kummer, Angst, Zorn, Schuld, Sehnsucht, Liebe usw. Auch verhältnismäßig ruhige Stunden gehören dazu, Stunden der Dankbarkeit oder gar der Freude. Besonders häufig treten quälende Schuldgefühle auf, die durch das Suchen und Finden von Sündenböcken zunächst einmal erfolgreich abgewehrt werden. Das Suchen von Sündenböcken ist bereits ein Versuch, mit der Angst umzugehen, die Beziehung nicht gut gelebt zu haben. Aber auch sonst ist in dieser

Phase der Umgang mit der Angst sehr wichtig und zentral: meistens zunächst als Angst davor, wie man das Leben allein bewältigen soll und wie man mit einem solchen Verlust überhaupt weiterleben kann. Aber nicht allein Angst ist das zentrale Gefühl, sondern eine Menge von verwirrenden, sich auch widersprechenden Gefühlen werden in dieser Situation erlebt.

Es ist von großer Wichtigkeit, daß wir diese uns unangenehmen, uns auch verwirrenden Gefühle zulassen und ausdrücken dürfen – in ihrer ganzen Widersprüchlichkeit. Ambivalente Gefühle dem verstorbenen Menschen gegenüber, Haßgefühle und Liebesgefühle, müssen zugelassen und ausgedrückt werden. Das Ideal der Tapferkeit, des Sich-be-Herrschens, mag zwar für die Mitmenschen angenehm sein, führt aber leicht dazu, daß hier der Trauerprozeß zu einem Stillstand kommt. Nur wenn wir diese Emotionen wirklich zulassen, kommen wir in Kontakt mit jenen Energien, die die Verarbeitung des Verlustes, wie wir sie für die dritte Phase des Trauerns kennen, ermöglichen. Wir kommen aber auch in Kontakt mit dem emotionalen Kern, mit der Grundlage unseres Selbst.

In dieser Phase ist es für die begleitenden Mitmenschen schwierig, die Trauernden zu begleiten: So werden in der Regel Gefühle der Angst, des Kummers zwar ganz gut ertragen, Gefühle der Wut, des Zorns aber werden eher abgewehrt. Auch fordern Mitmenschen schon nach ziemlich kurzer Zeit, daß Trauernde wieder „vernünftig" zu sein haben. Dabei gilt die Regel, daß sie rascher wieder gefaßter sind, wenn sie ihre Gefühle wirklich ausdrücken durften, vielleicht dazu sogar ermuntert worden sind. Dabei sind gerade die Gefühle des Zorns wichtig, damit Trauernde nicht in der Depression versinken. Während dieser Phase kommt es oft zu Schlafstörungen und Appetitlosigkeit und auch zu einer erhöhten Anfälligkeit für Infekte. Das Gefühl, von der Welt und anderen Menschen getrennt zu sein, aber auch das Gefühl, den verstorbenen Menschen ganz und gar verloren zu haben, sind vorherrschend.

Die Phase der aufbrechenden chaotischen Emotionen geht in die dritte Phase,

*die Phase des Suchens – Findens – und Sich-Trennens*
über. Hier findet nun die Trauerarbeit im engeren Sinn statt. Diese Phase ist dadurch gekennzeichnet, daß der verstorbene Mensch gesucht wird: in der Erinnerung natürlich, aber auch in Träumen und in Gesprächen mit anderen Menschen. Die Entwicklung dieses Prozesses wird dadurch eingeleitet, daß Trauernde in Gedanken nun sehr mit dem Verstorbenen beschäftigt sind. „Ich kann an nichts anderes denken als an den Verstorbenen", heißt es dann etwa, und das ist genau das, was sie auch tun sollen.

Selbst wenn sie andauernd an den verstorbenen Menschen denken, denken sie dabei immer auch an sich und an die Beziehung, die zwischen ihnen bestanden hat. In dieser Phase geschieht eine Rückbesinnung auf sich selbst, auf das eigene Selbst, auch auf die eigenen Wurzeln, das heißt auf das, was trägt im eigenen Leben, auf das, was bleibt.

Es geht bei diesem Denken an den Verstorbenen einmal darum, sich die Geschichte, die man mit diesem Menschen hatte, ins Bewußtsein zu rufen. Solange ein Mensch, mit dem wir in einer Beziehung stehen, noch lebt, ist diese Beziehung nicht zu einem Abschluß gekommen, wir können sie auch niemals dergestalt gefühlsmäßig in unserer Erinnerung präsent haben wie nach dem Tod dieses Menschen. Denn damit ist die Beziehung unveränderbar festgeschrieben, sie kann nicht mehr verändert werden, und wir stehen zudem unter dem Eindruck, daß hier etwas, was wichtig war für uns, zu einem Ende gekommen ist, wenigstens auf dieser Welt.

Bei dieser Erinnerungsarbeit, bei der das Erzählen von Geschichten aus dem gemeinsamen Leben mit dem Verstorbenen eine große Bedeutung hat, geht es nicht nur darum, das gemeinsame äußere und innere Leben zu rekonstruieren. Es geht auch darum, Projektionen zurückzunehmen, zu sehen, wo man einem verstorbenen Menschen Wesenszüge von sich selbst angelastet hat und an ihm diese dann vielleicht gehaßt oder auch geliebt hat.

Projektionen zurückzunehmen heißt dann, plötzlich zu erkennen, daß diese Wesenszüge zu einem selbst gehören. Kleinlichkeit etwa wird oft einem Partner oder einer Partnerin angelastet, stirbt dieser Mensch, stellt der oder die zurückgebliebene oft mit Entsetzen fest, daß das Kleinliche nicht aus dem Leben verschwunden ist und also wohl ein eigener Persönlichkeitszug sein muß. Manche Trauernde schämen sich etwas, wenn ihnen bewußt wird, wie sehr sie den Menschen, den sie doch geliebt haben, als Träger ihrer schlechten Eigenschaften benutzt haben.

Auch Delegationen müssen zurückgenommen werden: Wir sehen nicht nur die eigenen Eigenschaften irrtümlicherweise an unseren Mitmenschen, wir bringen sie sogar dazu, Eigenschaften von uns zu leben, Fähigkeiten zu entwickeln, die wir selbst auch entwickeln müßten, was uns aber zum Beispiel einfach zu mühsam, zu lästig erscheint. So stellen ältere Männer in ihren Trauerprozessen oft fest, daß sie ihre

Frauen die ganze Beziehungsarbeit leisten ließen, so daß sie sich jetzt in „Gefühlsbereichen" richtig unbedarft und unsicher vorkommen.

Entscheidend wichtig ist für den Fortgang der Trauerarbeit, daß wir darin herausarbeiten, welche Wesenszüge ein Mensch, den wir verloren haben, in uns belebt hat. Jeder Mensch, zu dem wir in einer Beziehung stehen, vermag Seiten in uns anzusprechen, die eben gerade nur durch diesen Menschen geweckt und belebt werden können. In einer Liebesbeziehung ist es in der Regel so, daß tief verschwiegene Seiten in uns durch den Liebespartner oder die Liebespartnerin belebt, aus uns „herausgeliebt" werden können.

Was durch einen Menschen – im Guten oder im Schlechten – in uns belebt wurde, brauchen wir auch dann nicht verloren geben, wenn wir die Beziehung verlieren. Durch diese von ihnen in uns belebten Seiten leben auch die Toten in uns und in unserem Leben weiter.[31]

Der verstorbene Mensch wird in dieser dritten Phase in vielfältiger Weise gesucht und gefunden, nicht zuletzt auch in Träumen, die dem Trauernden das Erlebnis vermitteln, daß der verstorbene Mensch in einer anderen Form weiterlebt. Dieses Bemühen um Erinnerung, diese hervorgerufenen Bilder von verstorbenen Menschen, gewinnen in der Erinnerung eine eigentümliche Deutlichkeit. Dadurch kommt es dann zu einer neuen Beziehung zu diesem Menschen, der nicht mehr der konkreten Alltagswelt angehört, mit dem dieser Alltag auch nur noch in sehr beschränktem Maße geteilt werden kann. Nicht selten wird zu Beginn dieser Phase der verstorbene Mensch auch idealisiert. Damit idealisiert man aber auch sich selbst. Das ist für ein hinreichend stabiles Selbstwertgefühl oft nötig, da es erlaubt, den Verlust verarbeiten zu können. Bei dieser Idealisierung kommt darüber hinaus zum Ausdruck, wie man selbst eine Beziehung wirklich haben möchte, wäre da nicht immer ein zweiter Mensch, dessen Wünsche auch berücksichtigt werden müssen. Dieses Wissen um die tiefsten Beziehungswünsche sind für die Gestaltung der Zukunft sehr wichtig. Durch solch eine Idealisierung ergibt sich eine Harmonie mit dem verstorbenen Menschen, die allerdings selten andauern kann. Denn immer wieder wird im Alltag die gnadenlose und alltägliche Abwesenheit erlebt; sexuelle Bedürfnisse nach Zärtlichkeit erinnern an den Menschen, der nicht mehr da ist. Gerade in solchen Momenten wird das Erlebnis des Verlustes wieder übermächtig, der Trauernde wird wiederum von den aufbrechenden chaotischen Gefühlen überschwemmt. Auch die ambivalenten Gefühle dem verstorbenen Menschen gegenüber werden wiederbelebt. Bestehen noch viele Gefühle der Wut und des Hasses dem verstorbenen Menschen gegenüber, empfiehlt es sich, sie in einem fortlaufenden Brief an diesen Menschen auszudrücken und zu versuchen, wieder eine gewisse Gerechtigkeit herzustellen. Bei dieser Erinnerungsarbeit, bei der immer wieder auch Gefühle des Verlustes reaktiviert werden, die ja auch dem konkreten Verlust entsprechen, kann sich die innere Beziehung zum Verstorbenen verändern. Und auch der verstorbene Mensch verändert sich in der Erinnerung. Er geht dabei nicht verloren, er gehört sogar in seiner sehr unausweichlichen Art zu unserem Leben, aber der Mensch, der getrauert hat, wendet sich wiederum dem Leben zu, läßt sich vielleicht auch wieder neu in Beziehungen ein.

In dieser Trauerarbeit im engeren Sinn werden auch die Ressourcen eines Menschen erlebbar. Diese werden zunächst sichtbar in den sogenannten Gegenregulationsmitteln. Dabei werden immer wieder schwierige Situationen geschildert, gleichzeitig wird jeweils auch erwähnt, wie dieses Ungleichgewicht dann doch wieder austariert werden konnte. Gegenregulationsmittel sind ja meistens ganz alltägliche Dinge, die wir genießen und die uns wieder ins Lot bringen, wie es eine Frau formulierte. Sie helfen dabei, mit belastenden Situationen wesentlich besser umzugehen. Wenn wir zu ihnen greifen, gehen wir sozusagen aus dem Feld des Konfliktes und machen etwas, das uns wieder zu uns selbst bringt. Danach können wir die Belastungen besser angehen. In Krisen geraten wir zum einen dann, wenn diese Gegenregulationsmittel überhaupt nicht mehr greifen, zum anderen aber auch, wenn wir gar nicht wissen, was denn eigentlich unsere Gegenregulationsmittel sind.

Im folgenden zwei Beispiele, die zeigen, wie solch eine Gegenregulation praktisch aussehen kann:

Ein Mann, der in seiner Firma unter großem Streß stand – er war ein etwas überforderter Chef –, kochte zusammen mit seiner Frau und seinen Kindern stundenlang. Dabei fand er sich selber, fand er sein Zentrum wieder. Natürlich dachte er zunächst trotzig, daß durch den Tod seiner Frau und dem Auszug der erwachsenen Kinder dieses Regulationsmittel nicht mehr brauchbar sei. Dann stellte er aber fest, daß er auch allein kochen konnte und sich sehr freute, wenn die Menschen sich gerne zu einem Essen bei ihm einladen ließen. Er hatte eine wichtige Ressource in seinem Leben sich wieder zurückerobert.

Eine Frau, deren Mann sie oft entwertet hatte, zeichnete gerne Bäume, besonders um sich zu beruhigen, wenn sie sich schlecht fühlte. Im Trauerprozeß erinnerte sie sich plötzlich wieder daran. Vorlagen waren Fotos von verletzten Bäumen, die sie fotografiert hatte. Sie wußte nicht wirklich, was sie tat, aber sie spürte, daß sie wieder „ins Lot" kam. Es gelang ihr, auch die Verletzung in ihrer Schönheit zu erkennen.

Am Ende der dritten Phase ist der Verlust akzeptiert – man nähert sich wieder mehr der gemeinsamen Welt der Menschen an. In den Märchensymbolen ausgedrückt, würde man jetzt den Wald verlassen. Dieser schwierige psychische Prozeß, bei dem die Erinnerung an den verstorbenen Menschen sowohl ganz stark intensiviert als auch verinnerlicht wird, gleichzeitig der verstorbene Mensch sich auch entfernen darf, kommt mit allem, was in dieser Beziehung möglich war, zu einem Abschluß. Der Trauernde oder die Trauernde hat sich von einem Beziehungsselbst auf sein oder ihr individuelles Selbst wieder zurückorganisiert. Jetzt kann und muß auch der Schmerz um den verstorbenen Menschen geopfert werden. Gelegentlich kommt es nämlich vor, daß der seelische Schmerz oder auch körperliche Schmerzen an die Stelle des verstorbenen Menschen treten. Würde man den Schmerz opfern, so meinen diese Menschen oft, würden sie den Verstorbenen vergessen. Viele Menschen kommen sich treulos vor, wenn sie einfach wieder weiterleben. Sie meinen dann, den Schmerz behalten zu müssen, sozusagen als Ersatz für den verstorbenen Menschen. Sie glauben, ihr neuerwachtes Interesse am Leben opfern zu müssen. Dieser über die Zeit hinaus „zurückbehaltene" Schmerz quält allerdings nur, setzt aber keine Entwicklung mehr in Gang. Viele Träume, die sich mit der Frage der Treue einem Verstorbenen gegenüber auseinandersetzen, geben letztlich die Botschaft: Man muß nicht den

Toten treu bleiben, sondern dem Leben, dann ist man den Verstorbenen am meisten treu.

Hat man den Verlust akzeptiert, versteht man sich selbst dann als Mensch, der zwar einen Verlust erlitten hat, aber doch auch wieder für sich allein ganz sein kann. Die Erinnerung an das Leben mit dem verstorbenen Menschen wird immer wieder auftauchen. Sie gehört auch zu diesem neuen Leben, sie beherrscht nicht mehr das ganze Leben. Ein Gefühl der Dankbarkeit kann nun erlebt werden für die Wegstrecke, die man mit einem Menschen zurücklegen durfte, für das, was in uns durch den verstorbenen Menschen geweckt worden ist. Manchmal ist Bedauern darüber hineingemischt, daß zu wenig aus der Beziehung gemacht worden ist, daß man zu vieles aufgeschoben hat auf einen späteren Zeitpunkt, den nun nicht mehr kompensiert, daß man zu wenig geklärt hat.

Damit tritt man in die vierte Phase,

*die Phase des neuen Selbst- und Weltbezugs*

ein. Beziehungen zu anderen Menschen oder einem neuen Partner werden kostbar für Menschen, die einen Verlust erlitten haben. Geht ein Mensch nach einem Verlust, der betrauert worden ist, wieder eine Beziehung ein, dann mit sich widerstreitenden Gefühlen. Diese Person wird sich ganz einlassen wollen auf den anderen; aber sie weiß darum, daß Beziehungen endlich sein können. Und so besteht auch die Angst davor, sich ganz einzulassen, denn jetzt kennt man den Preis dafür: die Gefühle des Verlustes, die Zeiten der Trauer.

In dem Prozeß wurde aber auch gelernt, daß Verluste betrauert werden können, daß Trauerarbeit harte Arbeit ist. Man hat erfahren, daß sie einen nicht umbringt, sondern im Gegenteil auch in bewußteren Kontakt mit sich selbst und auch in Kontakt mit neuen Seiten von sich selbst bringt. Auch wird durch den Trauerprozeß meistens bewußt deutlich, wo ein Mensch seine Ressourcen hat: alltäglich dadurch, daß Menschen erkennen, wie sie normalerweise mit sich selbst umgehen, wenn es ihnen schlecht geht. Sie können nun diese Selbstregulationsmethoden bewußt anwenden und auch perfektionieren. Es kann Menschen im Trauerprozeß aber auch aufgehen, was sie wirklich trägt im Leben – und das sind sehr wichtige Ressourcen. Durch den Trauerprozeß wird Todesbewußtsein ein Aspekt des Selbstbewußtseins. Dies ist ein ganz wichtiger Aspekt, der zur Stabilisierung des Selbstgefühls beiträgt.

Der Trauerprozeß kann also besonders in folgenden Aspekten als Modell für die Möglichkeit gelten, jeweils so loszulassen, daß wir wieder neu unsere Identität finden: Es geht um das Zulassen der verschiedenen heftigen Emotionen und das Herausspüren von dem, was in unserer Seele durch das, was wir jetzt verloren haben, belebt worden ist. Damit tritt die bewußte Besinnung auf das individuelle Selbst ein, das in dieser Situation meistens recht unverstellt ist. Trotz des Schmerzes werden wir in unserer erlebten Identität auch sicherer, fühlen uns mit unseren Gefühlen verbunden und haben dadurch mehr innere Geborgenheit, sind mehr wir selbst.

Wenn wir gelernt haben zu trauern, können wir auch im Alltag besser loslassen, wir können besser abschiedlich existieren. Haben wir aber gelernt im Alltag, besser loszulassen, können wir wiederum mit der Erfahrung Tod besser umgehen. Der Trauerprozeß zeigt nun in psychologischer, nicht mehr in symbolischer Sprache, wie man einen Lebensübergang, der das gewohnte Leben unterbricht, emotional bewältigen kann. Als Einstieg dazu ist es absolut notwendig, daß man sich den Emotionen überläßt, und dann setzt ein eigentümlicher Prozeß von Erinnern und Vergessen ein: Man erinnert noch einmal den Weg, den man mit einem Menschen gemeinsam gegangen ist. Man besinnt sich auf die Wirkung, die der verlorene Mensch auf das eigene Leben gehabt hat. Und dabei wird auch Ausgespartes bewußt, das im eigenen Leben nicht Gelebte, was auch hätte gelebt werden können. Man lebt dann weiter, wobei vor allem das nicht Gelebte, das noch zu Lebende, vorwärtsdrängt. Ressourcen werden erlebbar, aber auch Unabgegoltenes. Indem man erinnert, was so wichtig war für das eigene Leben, lernt man auch zu vergessen, man ist nicht mehr einfach nur der Vergangenheit verhaftet, sondern hat wiederum eine Zukunft.

Der Trauerprozeß als Prozeß bedeutet auch innezuhalten, sich zu besinnen auf sich selbst und auf das, was verloren ist. Die Lebensangst, die zur Trauer gehört, wird im Verlaufe des Trauerprozesses weniger, und es entsteht wiederum ein Interesse am Leben, eine Hoffnung auf Zukunft. Der Trauerprozeß braucht Zeit – um zu erinnern, um die verschiedenen Emotionen zuzulassen und sie auszudrücken. Man braucht Zeit für die Innenwelt, die sich deutlich umstrukturiert. Diese Zeit ist in unserer geschäftigen Zeit kaum vorgesehen, wir müssen sie uns also bewußt nehmen. Auch kann man nicht einfach einen „Trauerurlaub" nehmen wie etwa einen Mutterschaftsurlaub – die Gefühle der Trauer überfallen Menschen immer wieder unerwartet, und ebenso gibt es immer wieder Zeiten, in denen man sich gut mit dem Verlust abfinden kann. Sich mit den Gefühlen der Trauer beschäftigen, sich für diese Zeit nehmen, das muß man dann und kann man nun, wenn sie erlebbar sind.

Zu einer bleibenden, meist depressiven Krise wird ein Verlust dann, wenn ein Mensch zu wenig das eigene Selbst gelebt hat, sich zu sehr dem anderen Menschen angepaßt hat, und dabei die eigenen Bedürfnisse, oft auch die eigenen Lebensmöglichkeiten und Qualitäten, das eigene Leben also, vernachlässigt hat. Damit verbunden ist meistens, daß diese Menschen sich ihren Selbstwert zu sehr von dem Menschen haben geben lassen, an den man sich angepaßt hat. Ist dieser nun gestorben, dann hat man nicht nur einen wichtigen Menschen verloren, sondern man hat auch den Menschen verloren, der einem den Selbstwert garantiert hat und für den man – gefragt oder ungefragt – das eigene Selbst aufgegeben hat. Auf das eigene Selbst kann man sich aber nur zurückorganisieren, wenn es auch vorhanden ist. Die Depression erzwingt dann die Suche nach dem eigenen Selbst[32] und dem damit verbundenen Selbstwertgefühl.

# Lebensübergänge und Zäsuren im Alltag

Nachdem das Typische an Lebensübergängen aufgezeigt worden ist, und auch Hinweise gegeben sind, wie mit Übergängen umgegangen werden kann, so daß nicht notwendigerweise Krisen entstehen, geht es im folgenden darum, einige typische Lebensübergänge näher zu beleuchten.

# Das Klimakterium der Frau

Das Klimakterium ist keine Krankheit, kein Defekt, aber auch kein rauschender Aufbruch. Es ist ein Lebensübergang, durch Verunsicherung, Verlust, aber auch durch viele Veränderungs- und Wandlungsmöglichkeiten gekennzeichnet, deren Ausgang ungewiß ist[33]. Es ist denn auch ein Lebensübergang, der, spricht man überhaupt von ihm, oft noch immer entwertet, etwa als „Krankheit" bezeichnet oder im Gegenzug stark idealisiert wird: Da werden etwa die Schweißtröpfchen der Wallungen enthusiastisch begrüßt – auch wenn es den meisten Frauen recht unangenehm ist, wenn sie plötzlich, ohne jede körperliche Anstrengung, schweißüberströmt dasitzen! Zur Zeit hat wohl eher die Idealisierung Hochkonjunktur – sie ist zu verstehen als eine Gegenreaktion gegen das Totschweigen des Klimakteriums, gegen die Tendenz, das Klimakterium als Defekt zu sehen oder als Lebensübergang, der die Frau all dessen beraubt, das sie eigentlich ausgemacht hat. Wünschenswert wäre eine Beschäftigung mit diesem Lebensübergang jenseits von Idealisierung und Entwertung, die ja beide Ausdruck einer Irritation sind, Ausdruck eines noch nicht wirklichen Akzeptierenkönnens. Wünschenswert wäre eine Beschreibung dieses Übergangs – so wie er von verschiedenen Frauen auch unterschiedlich erlebt wird – und ein Ausblick auf ein neues Frausein nach dem Klimakterium jenseits aller Leidensideologie.[34] Denn immerhin dauert das Leben der Frau nach dem Klimakterium im Durchschnitt noch etwa 30 Jahre.

## Ein Lebensübergang im mittleren Erwachsenenalter

Jeder Lebensübergang ist eingegliedert in das gelebte Leben; der Lebensübergang, den wir Klimakterium nennen, erfolgt aus dem sogenannten mittleren Lebensalter heraus und ist unter anderem auch der erste Prüfstein dafür, ob das Thema der Lebensmitte oder der Lebenswende um die 40 herum auch wirklich ins Bewußtsein gedrungen ist.

Das mittlere Lebensalter umfaßt ungefähr die Zeitspanne zwischen dem 40. und dem 55. Lebensjahr.[35] Gelegentlich wird es auch definiert als die Zeit, in der in Familien die Kinder aufhören, im Mittelpunkt der Verantwortung zu stehen.[36] Auch wenn die Altersangaben zur Bestimmung der mittleren Lebensjahre etwas variieren, ordnet man diesem Lebensalter den „Höhepunkt" des Lebens zu; zumindest eine Hochebene des Lebens ist erreicht und man ist im „besten Alter"[37]. Eingeleitet wird diese Phase durch die sogenannte Lebenswende, durch das Erreichen der „Lebensmitte", oft ist damit die Midlife Crisis verbunden. Lebenswende meint, daß man zwar durchaus auf der Höhe des Lebens ist, daß sich aber der Blick auch wendet; nicht mehr immer weiter Aufstieg ist sichtbar, sondern auf die Länge der Zeit hin gesehen ist es auch eine Bewegung zum Tode hin. Der Blick richtet sich nicht nur nach außen, sondern auch verstärkt nach innen.

Daß „die Höhe des Lebens" erreicht ist, drückt sich in einer gewissen Selbstverständlichkeit des Lebens und des Erlebens aus; konkrete Ergebnisse des bisherigen Lebensweges werden sichtbar, eine gewisse Kompetenz im Umgang mit Aufgaben, mit sich selbst und mit den Mitmenschen ist erreicht. Werte haben sich verfestigt, eine Weltanschauung hat sich in etwa herausgebildet. Gewiß ist alles auch noch auf Korrigierbarkeit hin angelegt, aber es ist sichtbarer, faßbarer, formulierbarer als in früheren Zeiten. Auch die sozialen Kontakte sind gefestigt, Beziehungs- und Liebesfähigkeit sind weitgehend entwickelt und können mehr oder weniger umfassend gelebt werden. Aber: Ist man im *besten* Alter, dann folgt kein besseres mehr nach, es sei denn, es gelingt, neue Werte zu setzen. Dies Neubesinnung auf Werte, die für den Fortgang und den Rest des Lebens eine sinnerfüllte, befriedigende Perspektive ermöglichen, ist Thema der Lebenswende, und dieses Thema muß im mittleren Lebensalter variiert und erprobt werden. Hier liegt eine Chance, als krisenhaft Erfahrenes in neue Lebensmöglichkeiten münden zu lassen.

Dieser Übergangsphase sind Eigengesetzlichkeiten auch anderer Übergangsphasen eigen. Damit hängt zusammen, daß 45jährige, die eigentlich in den besten Jahren sein sollten, oft recht unzufrieden wirken. Alles wird hinterfragt: der gewählte und eingeschlagene Lebensweg, die Überzeugungen, die Familien, die man hat, oder die Tatsache, daß man keine hat, die Wahl des Partners oder der Partnerin, die man einmal getroffen hat, die Gesellschaft, die Kolleginnen und Kollegen, der Beruf usw.

Diese Unzufriedenheit ist Zeichen dafür, daß das, was uns gerade noch in unserem Leben als gut erschienen ist, womit wir einverstanden waren und es als Ausdruck des besten Alters gerade noch genossen haben, hinterfragt werden muß: Neue Entwicklungsthemen werden uns gestellt, neue Lebensaufgaben kommen an uns heran.

## Die ganz besondere Dringlichkeit

Die Übergangsphase im mittleren Lebensalter bekommt dadurch, daß sie ein erster deutlicher Übergang zum Alter und dann zum Tod hin ist, zusätzlich eine ganz besondere Färbung und eine ganz besondere Dringlichkeit. In der Zeit der Lebenswende ist es nicht mehr möglich, die Tatsache der Endlichkeit des Lebens, der begrenzten Lebenszeit, des Sterbenmüssens und damit des Hinlebens auf den Tod zu leugnen. Zwar altern wir ständig, in dieser Phase kommt es uns aber ganz besonders zum Bewußtsein. Leben angesichts des Todes wird aber auch kostbar, es stellen sich die Fragen, was wichtig bleibt für den Rest des Lebens, was angesichts des Sterbenmüssens überhaupt wichtig ist im Leben. Einige Hoffnungen werden hier aber auch endgültig begraben und in das Reich der Illusionen verbannt. Die spontane Begeisterungsfähigkeit nimmt ab. Sie muß durch das aktive Suchen nach der Schönheit, nach den stimmigen Situationen im Leben, nach Themen und Situationen, die zu begeistern vermögen, ersetzt werden.

Diese Fragen und Erfahrungen brechen meistens um den 50. Geburtstag herum auf – oder sie werden da ganz besonders verdrängt. Die einen sagen sehr dezidiert, daß sie jetzt das machen, sagen, denken wollen, was sie wollen und keineswegs mehr, was sie sollten und von ihnen erwartet wird. Sie bringen zum Ausdruck, daß sie jetzt nicht mehr ständig Rücksicht auf die Erwartungen der anderen nehmen können, auch wenn sie natürlich bereit sind, miteinander einen gangbaren Weg auszuhandeln. Aus ihren Argumenten wird sehr deutlich, daß sie spüren, daß es hier um den Rest des Lebens geht und darum, noch so gut als möglich das eigene Leben zu leben. Es geht dabei meistens erst am Rande um den letztendlichen Tod. Im Zentrum steht aber, ein Gefühl für die Endlichkeit zu entwickeln und diese bewußter als zuvor zu akzeptieren. Dies äußert sich auch etwa darin, daß in dieser Lebensphase eine Abkehr von den narzißtischen Idealen zu sehen ist. Man nimmt Abschied von Größenphantasien und versucht, sich so zu akzeptieren, wie man in etwa ist.[38] Die hochfliegenden Pläne der jungen Jahre hat man entweder verwirklicht oder man kann sie jetzt revidieren. Man darf „normal", „gewöhnlich" werden – das kann eine ungeheure Entlastung bedeuten, ist aber auch eine große Anforderung an sich selbst: sich so zu akzeptieren wie man ist und nicht nur so, wie man sich gern sehen würde. Man muß sich nichts mehr vormachen, aber man kann sich auch nichts mehr vormachen. Eine Veränderung im Selbstkonzept ist angesagt, sie ist unumgänglich und möglich. Man muß sich mit der jungen Generation auseinandersetzen; erfährt man sie als Konkurrenz oder als Bereicherung oder als beides? Man gehört nicht mehr dazu, und alle diese Aspekte bewirken, daß diese Übergangsphase wesentlich weniger enthusiastisch beschrieben wird als z. B. die Adoleszenz, mit der sie im übrigen große Ähnlichkeit hat. Der Unterschied ist indessen dennoch groß: Liegt bei der Adoleszentenkrise das Leben vor uns, so ist im mittleren Erwachsenenalter schon recht viel davon hinter uns, und der Teil des Lebens, der vor uns liegt, scheint mehrheitlich, zumindest in der besorgten Antizipation, durch Mühsal und Beschwerden gekennzeichnet. Diese besorgte Sicht resultiert daraus, daß man hier schon das höhere Alter anvisiert, das allerdings in der Realität noch recht weit entfernt ist. Wenn es erreicht wird, bringt es in der Regel wirklich Einschränkungen und Beschwerden mit sich. Diese pessimistische und die Realität auch etwas verzerrende Sicht kommt aber auch daher, daß man die Idealisierung der Jugend (nicht aber der Jugendlichen) und die Entwertung des Stadiums des Alters (und der Alten, ganz besonders aber der alternden Frauen), die in unserer Gesellschaft kollektiv auszumachen ist, übernimmt. Und damit erklärt man sich auch mit der Entwertung des Alters einverstanden. Das müßte so nicht sein. Die alten Menschen sind das Gedächtnis einer Gesellschaft, und ohne Gedächtnis gibt es keine Kontinuität. Die alten Menschen haben sehr viele Kompetenzen, die sie weitergeben könnten, wenn sie gefragt sind. Es ist wenig sinnvoll, wenn auch ältere Menschen selber sich mit der Abwertung des Alters einverstanden erklären und – vielleicht – sich unbewußt mit den Werten eines Jugendkults identifizieren. Die Aufwertung des Alters und damit der Respekt den alten Menschen gegenüber geht jedoch nicht mit einer Entwertung der jungen Menschen einher! Jede Zeit des Lebens hat ihren Sinn und ihre Würde, in jedem Lebensalter verdient der Mensch Respekt. Nachdem nun die Wirtschaft und damit auch die Werbung den alternden Menschen – besonders seine Kaufkraft – entdeckt, könnte sich etwas verändern. Erscheinen alte Menschen häufiger in den Medien nicht als Hilfsbedürftige, sondern in ihren Stärken und in ihren Schwächen, so könnte dies einen Gesinnungswandel mitbewirken. Noch sind wir aber nicht so weit. Die offene oder die geheime Entwertung des Alters bringt es wohl auch mit sich, daß der Übergang im mittleren Lebensalter möglichst lange verdrängt wird, daß immer wieder große Anstrengungen unternommen werden, als möglichst jung zu erscheinen, jünger zu sein, als man ist. Dabei geht es gar nicht um jung oder alt, es geht darum, diesen Übergang von jung zu alt – wenn man diese Ausdrücke einmal gebraucht – zu nutzen als Übergang. Die Übergangszeit des mittleren Erwachsenenalters ist eine natürliche Entwicklungszeit im Leben eines Menschen, mit Entwicklungsaufgabe und der Chance, sich noch einmal neu auf sich selbst zu besinnen. Dies geschieht dann durchaus angesichts der geringen Möglichkeiten, Identitätsunsicherheiten durch die üblichen gesellschaftlichen Regulationsmechanismen wie Leistung, Schönheit, Verführung zu verdecken. Es wäre eine Zeit der größeren Wahrheit, eine Zeit, in der man mehr zum eigenen „wahren" Selbst finden müßte und könnte. Diese Übergangszeit hat für Frauen eine ganz besondere Dringlichkeit und eine ganz besondere Bedeutung.

## Das Klimakterium

Am Klimakterium wird besonders deutlich, daß der Mensch eine bio-psycho-soziale Einheit ist, daß die Veränderungen, die in diesem Lebensübergang zu erleben sind, auf verschiedenen Ebenen sich gleichzeitig oder fast gleichzeitig abspielen können: im Körper, in der Seele, in der Mitwelt. In der Zeit, in der das Klimakterium angesiedelt wird, können sich verschiedene Lebensübergänge im Leben einer Frau überlappen. Da haben wir einmal die Veränderungen im Körper. Frauen können sich auf ihren Körper plötzlich nicht mehr einfach verlassen. psychisch werden Themen von Stimmungsschwankungen, unbekannten Ängsten, Auseinandersetzung mit Altern usw. erlebt. Wenn eine Frau Kinder hat, ist es denkbar, daß diese sich gerade abgelöst haben oder dabei sind, sich abzulösen. Die eigene Partnerschaft wird auf neue Weise wichtig und müßte neu definiert werden. Frauen ohne Partner überlegen sich hier wieder einmal neu, ob sie die ihnen gemäßen Beziehungsformen gefunden haben. Gleichzeitig mit der Ablösung der Kinder findet auch noch einmal eine Ablösung von den eigenen Eltern statt. Die Beziehung zu den alternden Eltern verändert sich grundsätzlich – für alle Seiten. Denn die Eltern brauchen nun mehr Zuwendung. Im Beruf drängt eine nachfolgende Generation nach; das berufliche Selbstverständnis muß neu definiert werden. Frauen, die bisher den Beruf der Hausfrau ausgeübt haben, möchten in einen Beruf einsteigen, was in diesem Alter schwierig ist und viel Mut erfordert. Oft wird eine Frau in diesem Alter auch erstmals Großmutter, eine neue Rolle, die ausgefüllt und auch dem eigenen Wesen gemäß definiert werden will. Die strickende Großmutter, die in der Abendsonne sich wärmt oder am Fenster sitzt, kann für heutige Großmütter kaum ein Modell sein, ebensowenig die Frau, die jederzeit die Enkel hütet. Heutige Großmütter sind oft noch berufstätig, und sie haben in der Regel ein eigenes Leben. Deshalb stellt sich in diesem Alter die Frage, wie die Frau das Großmuttersein gestalten will.

**Wandlungen im Körper**
Die physiologischen und/oder psychologischen Veränderungen im mittleren Lebensalter, die mit dem Nachlassen der ovariellen Funktion zusammenhängen, werden als klimakterische Veränderungen bezeichnet, der Übergang von der biologisch fruchtbaren zur biologisch unfruchtbaren Phase im Leben einer Frau als Klimakterium. Körperlich gesehen nimmt die Östrogen- und Progesteronkonzentration im Blut

ab, die Ovulationen hören auf, die Frauen werden biologisch unfruchtbar, die Regelblutungen bleiben aus. Das Klimakterium, in eine prä- und eine postmenopausale Phase eingeteilt, dauert unterschiedlich lang und wird von Frauen auch sehr unterschiedlich erlebt.

Die Schwierigkeit dieser Phase besteht unter anderem gerade darin, daß sie sehr lange dauern kann. Generell spricht man von der Altersspanne zwischen 45 und 55. Im allgemeinen kann man eine schwierige Situation wesentlich besser aushalten, wenn man weiß, wie lange sie etwa andauern wird. Das kann beim Klimakterium aber nicht von vornherein gesagt werden.

Als typische körperliche Beschwerden gelten Hitzewallungen, Schweißausbrüche, Schwindelzustände, Atemnot, Herzklopfen, Blutdruckanstieg, Kopfschmerzen, Schlafstörungen. Betrachtet man diese Symptome unter psychologischen Gesichtspunkten, dann fällt auf, daß alle diese Symptome auch Angstsymptome sind. Als Angstsymptome wären sie unter anderem auch Ausdruck für Übergangssituationen, auch im Bereich des Körpers. Nicht wenige Frauen sagen denn auch, daß das nächtliche Aufwachen mit einer Hitzewallung eher ein Aufschrecken ist, gelegentlich verbunden mit Angstträumen. Das veränderte Hormonniveau kann zu Veränderungen der Vaginalschleimhaut, der Vulva und der Blasenschleimhaut führen, außerdem zu Osteoporose (Schwund des festen Knochengewebes). Grundsätzlich nimmt man an, daß etwa ein Drittel der Frauen erheblich unter den klimakterischen Veränderungen leidet, ein Drittel sich gelegentlich beeinträchtigt fühlt, ein Drittel keine wesentlichen Beeinträchtigungen spürt.

### Wandlungen in der Psyche

Als psychische Begleiterscheinungen des Klimakteriums können eine allgemeine Nervosität, eine allgemeine Spannung mit nervöser Reizbarkeit festgestellt werden, eine höhere Verstimmbarkeit, Antriebshemmungen, Angstzustände, Versagensangst, depressive Verstimmungen, Traurigkeit, von der man nicht weiß, woher sie kommt, dazu kommen Zerfahrenheit, Konzentrationsmangel, Wortfindungsstörungen usw. Diese psychische Labilität kann aber auch ganz anders beschrieben werden: Da sagen Frauen von sich, sie seien noch einmal so beeindruckbar und irritierbar wie in der Adoleszenz, diese erhöhte Sensibilität sei nun aber verbunden mit sehr viel mehr Lebenserfahrung. Wieder andere betonen, daß sie wieder viel offener zu ihren Gefühlen hin seien, sie hätten eine gewisse „Abgebrühtheit" verloren, sie seien viel erlebnisfähiger, liebesfähiger und dankbarer als vor dem Klimakterium.

### „Ich kenne mich nicht mehr ..."

Die Beunruhigung über die klimakterischen Veränderungen – und da werden Körper und psychisches Erleben nicht getrennt voneinander – werden von den Frauen oft in dem Satz ausgedrückt: „Ich kenne mich nicht mehr, ich kann mich nicht mehr so auf mich verlassen, wie ich es früher konnte."
In diesem Satz kommt eine grundsätzliche Verunsicherung zum Ausdruck. Das erstaunt nicht: Ein wesentlicher Aspekt unseres Erlebens von Identität hängt mit dem Erleben unseres Körpers zusammen. Selbst dann, wenn keine schwerwiegenden somatischen Beschwerden während des Klimakteriums auftreten, wird die Veränderung im Körper deutlich erlebt. Die Zuverlässigkeit unseres Körpers, das Wissen

darum, was wir mit diesem Körper in etwa zu erleben pflegen, ist die Basis unserer Identität. Nun „spielt dieser Körper plötzlich verrückt": Besonders Frauen, die sich auf ihren Körper sehr verlassen konnten, fühlen sich dadurch verunsichert. Da fallen dann Sätze wie: „Was fällt ihm denn jetzt wieder ein?" Gemeint ist der Körper – und diese Ausdrucksweise zeigt, daß hier eine Distanzierung stattfindet. Der Körper wird plötzlich erlebt wie ein Gegenüber, dessen Reaktionen schlecht vorhersagbar sind. Dennoch bleiben wir aber auch in diesem Körper. Irgendwie fühlen sich die Frauen diesem geheimnisvollen klimakterischen Geschehen ausgeliefert – und der Glaube an ein verständliches, sinnvolles, in einem gewissen Rahmen auch beeinflußbares Körpergeschehen schwindet. Das heißt aber, daß die Kohärenz des Ichkomplexes weniger wird, das Vertrauen in das Leben allgemein mehr erschütterbar als sonst, die eigene Identität wird als brüchiger erlebt. Das drückt sich auch etwa in dem Satz einer an Osteoporose leidenden Frau aus: „Ich habe den Eindruck, meine Knochen tragen mich nicht mehr." Das bedeutet aber, daß das Vertrauen in das grundsätzlich Tragende im Leben nicht mehr einfach vorhanden ist – das zeichnet eine klassische Übergangssituation aus! Schließlich geht es darum, sich mit dem Verlust der Blutungen auseinanderzusetzen. Spätestens jetzt stellt sich die Frage, wie sich eine Frau denn zu ihren Blutungen gestellt hat: Wertet sie ihr Ausbleiben als Verlust, als Zeichen, daß sich ihr Körper nicht mehr gleichermaßen regeneriert wie früher, oder aber als Erleichterung? Die Gefühle des Verlustes und der Erleichterung können auch gleichzeitig erlebt werden.

Manche Frauen und Männer verbinden das Klimakterium auch mit Phantasien vom Nachlassen des sexuellen Interesses. Nun kann die Veränderung der Vaginalschleimhaut den sexuellen Verkehr schmerzhafter machen, dagegen gibt es aber Abhilfe. An sich ist es aber so, daß der Androgenspiegel bei der Frau ab Klimakterium ansteigt, was eher ein erhöhtes sexuelles Interesse bewirkt.[39] Man hört zwar immer wieder, daß Frauen – die vermutlich nicht die ihnen zusagende Form von Sexualität gefunden haben – aufatmend sagen, „das sei nun glücklicherweise vorbei". Es gibt aber nicht wenige Frauen, die gerade in diesem Alter Sexualität und Zärtlichkeit ausgesprochen genießen können, allerdings eine Form der Sexualität, die ihnen wirklich Lust bereitet. Daß sie eine „Pflichtsexualität" in diesem Alter ablehnen, hat weniger mit den klimakterischen Veränderungen zu tun als mit der Entwicklung zu einer Persönlichkeit, die weiß, was ihr gut tut und die Verantwortung für ihr Handeln übernimmt.

Aber auch wenn das Klimakterium durchaus in seinen positiven Möglichkeiten gesehen wird: Das Bewußtsein von Verlust, von Abschied, ist nicht zu leugnen. Die Zeit der biologischen Fruchtbarkeit ist vorbei. Auch wenn meistens der Entschluß, keine Kinder mehr haben zu wollen, schon wesentlich länger gefaßt worden ist – jetzt könnte die Frau auch keine Kinder mehr haben, selbst wenn sie es wollte. Die Identität von sich als fortpflanzungsfähiger Frau kann nicht mehr aufrecht erhalten werden. Und die neue Identität, die Identität als „alternde" Frau, ist für viele nicht attraktiv. Das hängt nicht nur mit dem persönlichen Erleben zusammen, sondern sehr auch mit der Wertung durch die Gesellschaft. Daß eine gewisse Ratlosigkeit dem Phänomen gegenüber besteht, zeigt sich auch darin, daß wir für die Frau nach der Menopause keine eigenständige Bezeichnung haben. Zunächst sind Frauen Mädchen, beim Eintreten der Menstruation werden Mädchen zu Frauen, sexuell-erotisch besetzt und begehrt, fähig zur Mutterschaft. Nach der Menopause gibt es keinen speziellen Ausdruck mehr für die Frau – denn Greisinnen sind Frauen nach der Menopause ja nun wahrlich nicht. Eine weitere Ratlosigkeit, ja eine deutliche Abwehrhaltung, zeigt sich darin, daß es sich nicht schickt, über das Klimakterium zu sprechen. Man darf nicht wissen, daß eine Frau „im Klimakterium" ist. Im Beruf gilt sie dann als weniger belastbar und zuverlässig. Höchstens unter Frauen spricht man mal darüber. Wäre dieser Übergang mit positiven Phantasien bedacht, in seiner Wichtigkeit auch erkannt, warum sollte man darüber schweigen? Warum soll man das Klimakterium gemeinsam verdrängen? Oder es nur erwähnen als Ursache von vielen körperlichen, psychischen, beziehungsmässigen Problemen in diesem Alter?

Diese Ratlosigkeit, diese Tendenz zur Verdrängung macht deutlich: Ein Frauenleben, das so ganz und gar auf das Erfüllen der biologischen Rolle hin ausgerichtet ist, seinen Wert und die Daseinsberechtigung vor allem daraus bezieht, sexuell-erotisch begehrenswert zu sein, das sich heimlich oder offen mit der Wertschätzung der jungen, sexuell-erotisch attraktiven Frau identifzert, kommt spätestens mit dem Klimakterium in eine große Selbstwertkrise. Denn eine solche Frau fühlt sich dann nicht mehr erwähnenswert und zum Schweigen verurteilt, an den Rand gedrängt. Wie das Klimakterium erlebt wird, hängt also auch sehr davon ab, ob Frauen sich auf attraktive Biologie reduzieren lassen oder ob sie darauf bestehen, vollwertige Persönlichkeiten zu sein. Wie weit uns Frauen das gelingt, hängt nicht nur von persönlichen Faktoren ab, sondern auch davon, welche Vorbilder wir haben, wie unsere Mütter und andere weibliche Bezugspersonen mit dem Klimakterium umgegangen sind, ob wir Frauen untereinander uns über das Klimakterium austauschen können und ob wir uns und anderen immer wieder bewußt machen, welche geheimen Entwertungsstrategien den Frauen, besonders aber auch den älteren Frauen gegenüber wirksam sind. Vor allem müssen wir uns aber auch fragen, ob und wie es uns gelingt, nicht auch noch selbst mit in diese Entwertungsstrategien einzustimmen. Dazu brauchen wir nicht die Idealisierung des Klimakteriums, sondern den klaren Blick für die Notwendigkeiten, das solidarische Gespräch und den Zorn gegen die Entwertungen, das Offenlegen von Entwertungen, von welchen Seiten sie auch immer kommen mögen. Hier erwächst aus einer möglichen Krise, die in der Entwertung steckenbleibt, die Chance an einer Umwertung, zur Entdeckung neuer Werte.

**Das Klimakterium: auch ein psycho-sozialer Lebensübergang**
Nicht nur der Körper verändert sich – drastisch – in dieser Lebensphase, verschiedene Übergänge überlappen sich. Es gibt Untersuchungen, die darauf hinweisen, daß Frauen, die ganz in der Rolle der Mutter aufgegangen sind, mehr Probleme haben in dieser Phase als Frauen, denen verschiedene Rollen zugänglich waren.[40] Diese Untersuchungen zeigen die Tendenz, Probleme in diesem Alter nicht mehr einfach auf die hormonellen Veränderungen zurückzuführen, sondern auch die psychologischen und psychosozialen Situationen als Auslöser von Schwierigkeiten zu verstehen. Das bedeutet aber auch, daß Schwierigkeiten in dieser Phase aus verschiedenen Perspektiven angegangen werden können und müssen. Solche Schwierigkeiten sind als Ausdruck eines Lebensübergangs zu sehen, eine Situation, in der das Alte nicht mehr

gilt, das Neue aber noch nicht wirklich tragfähig und sichtbar ist. Und dieser Übergang dauert – analog zu den körperlichen Veränderungen – recht lang, ist daher besonders belastend, erschließt aber auch große Möglichkeiten zu Veränderungen im Leben.

**Die sogenannte „empty-nest" Depression als ein Phänomen des Übergangs**

Die hormonellen Veränderungen in dieser Lebensphase der Frau fallen oft mit dem Auszug der Kinder zusammen. Frauen, die sich sehr auf die Mutterrolle konzentriert haben und viel Selbstwert aus dem Erfüllen dieser Rolle bezogen haben, verlieren einen für sie wesentlichen Lebensinhalt und geraten in eine Krise und reagieren mit depressiven Verstimmungen. Diese haben nicht primär etwas mit den klimakterischen Veränderungen zu tun, wenn auch die beiden Prozesse einander beeinflussen. Diese depressiven Verstimmungen haben vor allem mit dem Erleben von Trennung und von Verlust zu tun. Das ist eine Erfahrung, die viele Frauen lange nicht wahrhaben wollen. Die Klagen sind dann immer etwa dieselben: Die Kinder, für die die Mütter „alles" getan haben, wenden sich definitiv neuen Beziehungspersonen zu, gehen weg, nützen die mütterliche Infrastruktur möglicherweise noch, ohne sie aber wirklich zu schätzen, leben nicht so, wie die Eltern es sich vorstellen, bringen auch nicht gleich die Enkelinnen und Enkel an, die es ja ermöglichen würden, eine wunderschöne neue Rolle zu übernehmen ... So in etwa lauten die Klagen und die damit verbundenen Phantasien. Beleuchtet man etwas mehr die Hintergründe, dann wird deutlich, daß die Anzeichen der Trennung natürlich schon längst sichtbar gewesen wären, hätte man sie nicht geflissentlich übersehen. Es wird auch deutlich, daß sich geradezu eine Abwehr gegen dieses weniger Gebrauchtwerden einstellt, indem diese Frauen sich vermeintlich immer noch unentbehrlicher machen, indem sie viel zu viel für die Kinder tun. Sie können nicht realisieren, daß sich hier für sie ein neuer Freiraum eröffnet, sie erleben zunächst einen leeren Raum, der sie ängstigt.

Die Abwehr ist verständlich: Die Ablösung von den Kindern ist ein schmerzhafter Prozeß, es ist die Wandlung einer sehr besonderen Liebesbeziehung. Wir sind es wenig gewohnt, diesen Verlust vor uns selbst zuzugeben und zu betrauern. Statt dessen neigen Mütter und Kinder dazu, sich gegenseitig Vorwürfe zu machen. Mütter entwerten Freundinnen und Freunde ihrer Kinder usw. und erschweren eine spätere erneute Beziehungsaufnahme auf einer anderen Ebene. Die Ablösung von der Mutterrolle erfordert Trauerarbeit[41]. Voraussetzung dafür ist, daß man sich eingesteht, daß diese Phase des Lebens vorbei ist und daß es auch im Sinne des Lebens ist, daß die Kinder sich ablösen. Diese Trauerarbeit ist leichter zu bewältigen, wenn der Partner, dessen Vaterrolle sich ja ebenfalls deutlich verändert, seine Gefühle mitteilen kann und wenn dann gemeinsam getrauert werden kann. Zu diesem Prozeß gehört, daß man sich noch einmal erinnert, was man mit jedem Kind erlebt hat, welche Seiten die Kinder in den verschiedenen Phasen ihres Lebens in uns belebt und geweckt haben. Diese Seiten gehen ja nicht verloren, auch wenn die Kinder sich ablösen. Es ist auch die Zeit, sich einzugestehen, welche Schwierigkeiten man mit den einzelnen Kindern gehabt hat, welche Unverträglichkeiten bestanden oder bestehen. Die Idee, verpaßte Erziehungsmaßnahmen noch dringend nachzuholen, müssen daraufhin befragt werden, ob sie nicht den Wunsch verbergen, die Kinder doch noch einmal mehr zurückzubinden. Ein bewußter Trauerprozeß zur Ablösung von den Kindern bringt meistens noch einmal eigene Ablösethemen im Zusammenhang mit den eigenen Eltern ins Bewußtsein. Da wird oft plötzlich deutlich, daß eigene Ablöseschritte nicht stattgefunden haben. Frauen sagen dann in diesem Zusammenhang, sie hätten noch nie wirklich das eigene Leben gelebt: Höchste Zeit also, es zu tun. Auch machen die Doleszenten durch ihren Lebensstil und ihre Lebensentwürfe den Eltern unter Umständen bewußt, was sie verpaßt haben. Töchter und Söhne leben nun vielleicht etwas, was man selber nicht zu leben gewagt hätte, was einem nicht einmal im Traum eingefallen wäre. Dann neigt man dazu, dies zunächst bei der jungen Generation zu bekämpfen, denn es ist zu beunruhigend.

In der Auseinandersetzung mit den jungen Menschen – und das gilt auch für Frauen ohne eigene Kinder – leben die eigenen jugendlichen Träume auch wieder auf und machen schmerzhaft bewußt, was davon realisiert worden ist und was nicht. Versteht man solche Enttäuschungen und wiedererwachten Sehnsüchten richtig, so liegen darin die wesentlichen Impulse, um die nähere Zukunft zu gestalten. Gelingt es uns, aus den wiederbelebten, manchmal auch verurteilten jugendlichen Träumen das Lebensthema herauszudestillieren, das bedeutsam für unser Leben gewesen wäre, und dieses nun altersentsprechend zu realisieren, können gerade aus solchen Enttäuschungen Lebensimpulse für die Zukunft gewonnen werden. Allerdings sollte man sich bewußt sein, daß man im mittleren Erwachsenenalter steht. Diese Träume in der gleichen Radikalität jetzt noch zu erfüllen, wie man es als Jugendlicher getan hätte, kann nur noch zu mehr Enttäuschung führen: Die durchaus notwendige Trauer über das Nichtgelebte im Leben wird nicht dadurch abgewehrt, daß man sich in die jugendliche Position begibt und sich vormacht, alles wäre noch zu realisieren. In dieser Phase ist auch zu akzeptieren, daß das Erreichte in unserem Leben vielleicht nicht dem Erhofften absolut entspricht, und einiges auch nicht mehr zu erreichen ist – und daß es dennoch das war, was wir tun konnten, daß es aufs Ganze betrachtet gut war. Das bedeutet aber auch, aufzuhören, übertriebene Forderungen an sich selbst zu stellen, es bedeutet, realistischer zu werden im Umgang mit sich selbst und sich zu erlauben, ein ganz gewöhnlicher Mensch zu sein.

Auch Neid auf die junge Generation kann sich hier bemerkbar machen und gleichzeitig hilfreich sein beim Erschließen neuer Lebensräume. Neid ist ein deutliches Zeichen dafür, daß man sich dringend mit den eigenen Wünschen, Lebensgestaltungen oder mit der Überprüfung des Selbstkonzepts auseinandersetzen sollte. Jetzt ist noch Zeit, Aufgeschobenes, nicht zu realisieren Gewagtes zu realisieren. Dieser Neid auf die Jungen wird dann besonders heftig erlebt, wenn Frauen den Eindruck haben, Wesentliches in ihrem Leben verpaßt zu haben; und das sind gerade die, die sich bemüht haben, immer möglichst selbstlos zu sein und dann weitgehend ohne eigenes Selbst sind. Sie haben aber unterdessen auch eine Wut darauf entwickelt, daß sie für die anderen so viel getan haben und für sich selbst nur so wenig Unterstützung bekommen haben. Aber auch die Frauen, die nicht primär die Mutterrolle gelebt haben, werden in ihrer Arbeit und in ihrem sozialen Leben mit den Frauen zusammentreffen, die das Leben noch vor sich haben, die noch voll Schwung und kaum angekränkelt von schlechten Erfahrungen schwierige Dinge anpacken und damit oft auch Erfolg haben, die ihnen möglicherweise im Berufsleben den Rang ablaufen werden. Dieser Neid, wenn vorhanden, wirft die Frage auf, ob eine Frau wirklich das aus ihrem Leben gemacht hat, was sie machen konnte, und ob sie das, was sie gemacht hat, auch in seinem Wert stehen lassen kann. Wird aktive Trauerarbeit geleistet, können sich die Frauen damit einverstanden erklären, daß Leben abschiedlich gelebt werden muß, dann wird anstelle von Neid Dankbarkeit zu erleben sein. Dankbarkeit, daß es neue Generationen gibt, neue Menschen, die Ideen haben und Energien, die auch das Leben bereichern können.

Es gilt also, von Kindern, von Lebensentwürfen, von Selbstbildern und vielem anderen Abschied zu nehmen. Da der Tod zum Leben gehört, muß Leben grundsätzlich abschiedlich gelebt werden, denn wir müssen immer wieder loslassen, trauern, damit wir uns wieder neu einlassen können. Sonst hängen wir in der Vergangenheit, hängen der Vergangenheit nach. In der aktiven Trauerarbeit besinnen wir uns neu wieder auf uns selbst. Die Ablösung als solche und die damit verbundene Trauerarbeit ist dann schwierig, wenn wir nur wenig wissen, wer wir selbst eigentlich sind, wenn Frauen so ganz und gar gelernt haben, die Wünsche von anderen Menschen zu erfüllen und selber keinen Wunsch haben, manchmal ihre eigenen Wünsche gar nicht kennen. Sie fühlen sich dann leer, beraubt, unzufrieden – ohne eine Idee, wie Leben befriedigend und erfüllend weitergehen könnte. Hat der Partner auch keine entsprechende Idee, breitet sich Ratlosigkeit aus, hat er aber eine Idee, dann ist sie meistens für sie nicht akzeptabel. Und das ist auch sinnvoll: Es ist die Entwicklungsaufgabe während des Lebensübergangs in der mittleren Lebensphase herauszufinden, was wir selbst als Individuen, unvertretbar durch andere, vom Leben noch wollen, was uns selbst wichtig ist. Es geht in diesem Übergang, in solch einer Krise wieder einmal mehr um die Suche nach dem eigenen selbst.

Dieses Loslassen ist jedoch in besonderer Weise schwierig. Denn es geht nicht nur um Trauerarbeit im engeren Sinne, sondern man wird damit konfrontiert, daß man auf die junge Generation neidisch ist. Natürlich kränkt uns das in unserem Selbstwertgefühl. Neidisch zu sein heißt aber auch, daß wir ein anderer oder eine andere sein möchten – oder daß wir unser Selbstkonzept verändern müssen, weil wir uns immer noch zu wenig realistisch sehen in unseren Möglichkeiten und Grenzen. Aber da, wo wir insgeheim ein anderer oder eine andere sein möchten, da steckt Rohmnaterial für den Rest des Lebens. Es geht natürlich nicht darum, daß wir die nachahmen, die wir beneiden, aber vielleicht fällt unser Neid auf etwas, das wir in abgewandelter Form auch leben möchten und könnten, oder vielleicht zeigt er uns einfach, daß wir ruhig uns selber etwas mehr herausfordern dürften.

Eine 54jährige Frau, die „ihr Leben lang" sehr ordentlich gekleidet und frisiert war, ärgerte sich unbeschreiblich über junge Frauen, unter anderem über ihre Töchter, die sich so „gehen ließen". Sie war darauf ansprechbar, daß hinter ihrem doch etwas unangemessen starken Ärger vielleicht Neid stecken könnte und es doch sinnvoll wäre, herauszufinden, was dieser Neid ihr sagen könnte[42]. Das Thema war: sich mehr gehen lassen, sich nicht ständig so sehr kontrollieren zu müssen, die Freiheit zu haben, sich zu entschließen, ob sie sich so wunderbar frisieren wollte – oder auch nicht. Was äußerlich begann, hatte große Wirkungen. Sie entdeckte nach und nach, daß sie ja Spielräume des Verhaltens hatte, die sie bisher nie ausgeschritten war. Für sie war dies ein Schritt hin zum eigenen Selbst.

**Das eigene Selbst: der Blick zurück in die Adoleszenz des Mädchens**

Im Klimakterium wird oft ein Rückgriff gemacht auf das Mädchen, das man einmal war, das freie, vielleicht auch freche Mädchen. Das wäre unter einer großen Anpassungsschicht vielleicht noch zu entbergen. Das eigene Selbst, so spürt die Frau, war damals vielleicht näher als es später je war. Wie kommt das? Die Mädchen unterliegen in der Adoleszenz einem großen „Weiblichkeitsdruck". Zwar meint man, die Mädchen hätten viele Rollen frei, hört man aber die Sorgen der noch jungen Mädchen, dann geht es um Schlanksein, um Schönsein, um Attraktivität im Zusammenhang mit der Beachtung durch die Jungen.

Bei Mädchen sind grob vereinfacht zwei verschiedene Sozialisationsformen auszumachen: Die einen haben einen Freund und leben die Paarbeziehung oft sehr früh, die anderen verschreiben sich deutlich dem intellektuellen Leben. Je nach Prägung durch den zugehörigen Mutterkomplex[43] können diese sehr körperfern leben; mit einer positiveren Prägung durch den Mutterkomplex – auch wenn diese unbewußt bleibt – gehört der Körper, ohne daß viel Aufhebens davon gemacht wird, einfach dazu. Die geistige Welt, der sich diese Mädchen verbunden fühlen, kann eine faszinierende Welt voll Inspiration, geistigen Abenteuern, spirituellen Erfahrungen sein, es kann aber auch eine Welt sein, in der viel Wissen angesammelt und ein Überblick über das gewonnen wird, was schon alles einmal gedacht worden ist.

Intellekt, Intelligenz, Wachheit gehört auf jeden Fall dazu. Gelegentlich sind auch beide Sozialisationsformen miteinander anzutreffen. Die Bindung an den Vaterkomplex und damit auch die unterschwellige Idealisierung des Vaters bleibt bei beiden Sozialisationsformen erhalten; solch eine Idealisierung ist einerseits die Kehrseite einer Entwertung des Männlichen, aber andererseits ist sie auch Widerstand gegen die von innen her, aber auch zum Teil von außen her geforderte Ablösung. Diese Forderung besteht aber nur zum Teil: Das Problem für die Frauen besteht darin, daß die Ablösung vom Vaterkomplex von der traditionellen Gesellschaft her eben gerade nicht gefordert wird. Die Frau erfüllt die soziale Rolle, wenn sie einen Freund oder einen Partner hat, ob sie dabei eine eigene Identität entwickelt, scheint sekundär zu sein. Das heißt überspitzt, daß vom Rollenverständnis aus unserer Gesellschaft einer adoleszenten Frau suggeriert, daß sie „normal" ist, eine richtige Frau, auch wenn sie keine eigene Identität hat, wenn sie letztlich darauf angewiesen ist, daß ein Mann ihr eine Identität verschreibt[44], daß nur durch die Anwesenheit eines Mannes, der sie bestätigt, sie das Gefühl hat, sie selbst zu sein und daß in diesem Verhältnis der Mann ihr auch leicht vorschreiben kann, was sie zu sein hat, was sie zu fühlen und wie sie sich zu verhalten hat. Wagt sie es, ihren eigenen Vorstellungen entsprechend zu leben, dann ist sie keine „richtige" Frau mehr in den Augen der Männer. Ist die Ansicht der Männer für sie wichtig und maßgeblich, stürzt sie bei Kritik durch die Männer entweder in eine Identitätskrise oder sie paßt sich wieder an. Die Identitätskrise böte die Chance, das eigene Selbst zu finden. Frauen, die keine originäre Identität entwickeln, Frauen, die sich nicht vom

Vaterkomplex ablösen und sich nicht mit dem Mutterkomplex auseinandersetzen oder aus anderen Gründen keine eigene Identität entwickeln, reagieren oft mit Depressionen auf Trennungen. In Trennungssituationen muß man sich von einem Beziehungsselbst auf das originäre Selbst zurückorganisieren[45], das ist aber nur möglich, wenn ein eigenes Selbst zumindest in Ansätzen vorhanden ist. Emily Hancock entdeckte bei der Untersuchung überdurchschnittlich selbstbewußter Frauen, daß diese durch Wissen wieder Zugang zu ihrem „inneren Mädchen" gefunden hatten und damit ihr eigentliches Ich wieder freilegten nach langen Jahren der Fremdbestimmung[46]. Carol Hagemann-White folgert, daß das Mädchen, das selbstbewußt ist und kompetent, mit Beginn der Adoleszenz ihr Selbst verliert und sich nach dem Wunschbild ihrer Umgebung richtet[47].

Auch wenn diese Feststellung in dieser Generalisierung etwas überzeichnet und es vor allem nicht bei jeder Komplexkonstellation so ausschließlich anzutreffen ist, ist doch oft die Feststellung zu machen, daß – fragt man Frauen nach ihrem Mädchen-Dasein – so um das zehnte Lebenjahr herum zum Ausdruck kommt, daß sich in dieser Zeit noch eine wesentlich eigenständigere, profiliertere, interessantere Persönlichkeit zeigte. Mit der Anpassung verliert das Mädchen – wenn sie sich dann anpaßt – wichtige Aspekte ihres originären Selbst. Das würde sich ändern, wenn Mädchen mehr für Originalität und weniger für Anpassung gelobt würden und wenn Frauen sich nicht nur in Beziehung auf den Mann hin sehen würden.

Es wäre wohl grundlegend wichtig für alle Frauen – denn in unserer androzentrischen Welt sind wir alle von Vaterkomplexigem geprägt, ungeachtet dessen, wie der eigene

Vaterkomplex aussieht –, daß Frauen sich immer wieder mit ihrer erlebten Identität und den Identitätsbrüchen auseinandersetzen und sich nicht einfach den Theorien beugen, wie weibliche Identität zu sein hat. Das Suchen nach Identität, das Erleben von Identität in verschiedenen Lebenssituationen müßte zunächst einmal auch beschrieben werden, und darüber müßten Frauengruppen miteinander sprechen[48]. In Anlehnung an Christa Wolf: „Kein Ort, nirgends", muß der Ruf nach einem eigenen Ort laut werden und gehört werden. Nur dürfen sich Frauen diesen Ort nicht zuweisen lassen, nicht von anderen Frauen und schon gar nicht von Männern, Frauen müssen sich diesen Ort jeweils der eigenen Person gemäß benennen und besetzen.

Wenn nun in der Adoleszenz sehr viel eigenes Selbst der Anpassung an die sozialen Forderungen geopfert wurde, dann ist im Klimakterium die Chance, dem Rollendruck zu entgehen – falls man sich ihm unterzogen hat – und mehr wieder das eigene Selbst zu finden, vielleicht auch wieder etwas von den Qualitäten des Mädchens zu finden, das man einmal war. Der Abschied von der Opferrolle ist hier angesagt und dringend notwendig.[49]

### Individuation: Das eigene Selbst

Jede Krise, jede Erschütterung der für uns zur Gewohnheit gewordenen Identität bringt es mit sich, daß wir uns auf uns selbst besinnen, uns mit uns selbst auseinandersetzen. Das geschieht nun in der Phase des Klimakteriums ganz besonders, und diese Auseinandersetzung findet statt, gleichgültig, ob wir uns auf eine Rolle hin sozialisiert haben oder ob wir unser Selbstverständnis aus dem Leben von mehreren Rollen bezogen haben.

Aufgrund der starken körperlichen Veränderungen und der verschiedenen Entwicklungsanforderungen dieses speziellen Lebensübergangs erfolgt eine Erschütterung der Identität: Die Frau in dieser Phase ist labiler als sonst. Sie ist dadurch auch offener gegenüber der Außenwelt und der Innenwelt, gegenüber den Emotionen, Phantasien, Trieb- und Beziehungswünschen, Sehnsüchten. Das ist die Chance zur Veränderung. Nicht selten sagen Frauen, sie würden jetzt plötzlich so sehr ihren Müttern gleichen. Eine Auseinandersetzung mit Mutterbildern, Mutterkomplexen und Müttern kann einsetzen. Die Chance dieses Übergangs ist es, angeregt aus vielen Perspektiven, mehr sie selbst zu werden. Und wenn nicht jetzt, wann dann überhaupt? Oder überhaupt nicht mehr? Diese Identitätsunsicherheit, die es erlaubt, Verkrustungen noch einmal aufzubrechen, noch einmal auch eine andere zu werden, kann indessen so viel Angst auslösen, daß sie abgewehrt werden muß. Eine mögliche Abwehr liegt im Verstärken der alten Strategien. Wer sich schon immer über das definiert hat, was sie zu geben imstande war, kann das weiter und verstärkt tun. Wer sich gesagt hat: Ich bin, wie ich gesehen werde – muß sich weiter sehr um Ansehnlichkeit bemühen. Im Zweifel hilft die Schönheitschirurgie.

Eine andere Form der Abwehr ist eine Flucht in kollektive Strukturen oder zurück in den Vaterkomplex: Da können Frauen versuchen, viel Ordnung in ihr Leben zu bringen, um die Unsicherheit zumindest auf einer äußeren Ebene zu neutralisieren. Sie können sehr genau wissen, wie Leben zu sein hat, wie andere zu leben haben, wie man denn dieses Klimakterium zu bestehen hat. Da werden rigoros Forderungen gestellt: entweder wird die Hormonsubstitution verteufelt, das Klimakterium hat man auf ganz natürliche Weise hinter sich zu bringen, oder die Hormone werden umgekehrt idealisiert. Es wird aber nicht danach gefragt, was denn für die einzelne Frau ganz persönlich der richtige Umgang damit ist. Die Abwehr der Unsicherheit bringt es mit sich, daß die Chance, die in dieser Lebensphase liegt, ob mit oder ohne Hormonbehandlung, nicht wahrgenommen werden kann. Wesentlicher als die Hormonfrage ist in dieser Phase der Umgang mit sich selbst: Gibt man sich die notwendige Zeit und die mütterliche Zuwendung, um sich mit diesem Aufbruch auseinanderzusetzen, um notwendige Trauerarbeit zu leisten, so daß neue Visionen für den Rest des Lebens entstehen können. Oder wenn schon keine großartigen Visionen in Sicht sind, dann zumindest klare Zielvorstellungen dessen, was noch wichtig ist für den Rest des Lebens, darüber, was man noch unbedingt verwirklichen will. Hier muß man sich Zeit geben zum Träumen, in der Nacht und am Tag, und diese Träume auch ernst zu nehmen, was immer auch ihr Inhalt sein mag[50]. Falls wirklich eine neue Sensibilität aufbricht, dann braucht es Zeit für sie: Was nützt die neue Sensibilität, wird sie nicht genützt, um die Schönheit im Leben noch einmal neu zu finden?

Gefragt ist: Ein selbständiges, selbstverantwortliches Ich, als Person des weiblichen Geschlechtes, in diesem mittleren Alter, an diesem Lebensübergang zum Alter. Von der Natur aus sind nun alle Rollen der Frau freigegeben, sie kann sich nun viel freiheitlicher verwirklichen, sich aktiver für Ziele einsetzen, die ihr wichtig sind. Sie ist aber nicht einmal auf diese Haltung hin festgelegt: Sie ist eine potentielle Ausbrecherin, eine Abweichlerin, vielleicht sogar fällt ihr plötzlich ein, daß sie eine freie, wilde Frau ist. Der steigende Androgenspiegel bewirkt, daß sie radikaler wird, ihre Wut mehr äußert, aktiver wird. Ist es da ein Wunder, daß man solange das Klimakterium als Defekt gesehen und versucht hat, die Frauen nach dem Klimakterium abzuschreiben? Diese Frauen sind zu allem gut und fähig – und nicht mehr so leicht zu kontrollieren, es sei denn, sie entwerten sich selbst und identifizieren sich mit dem Angreifer, also demjenigen, der ältere Frauen entwertet.

Solche Frauen sind eine große Bereicherung. Werte, die ihnen wichtig waren, können nun in veränderter Form eingesetzt werden. Mütterlichkeit zum Beispiel als eine mütterliche Haltung dem Leben gegenüber. Im Unterschied zur biologisch schöpferischen Phase könnte nun eine geistig schöpferische Phase sich anschließen. Versteht es die Frau, immer mehr sich selber, ihre Gefühle, ihr Sosein ernst zu nehmen, wird die Abhängigkeit vom Urteil der Außenwelt weniger: Das gibt Freiheit im Denken und Handeln, auch Mut, unbequem zu sein und zu sagen, was notwendig ist, nicht nur, was gefällt. Es ist ein Weg nach innen, der nun eingeschlagen wird, Treue zu sich selbst steht im Vordergrund, radikaler als je zuvor. Das bedeutet aber nicht, daß das Interesse für die Welt nicht mehr vorhanden wäre, es kann aber aus einer gewissen Distanz erfolgen: Geistige, religiöse, kulturelle und soziale Interessen dominieren und sind oft umspannender als bei jüngeren Menschen – die Distanz kann den Blick freigeben für die größeren Zusammenhänge. Und die Freude an der Teilhabe am Reichtum und der Fülle unserer Welt ist unübersehbar.

In Träumen von Frauen in diesem Alter fällt auf, daß in ihnen vermehrt ältere, oft als weise bezeichnete Frauen auftreten, als Vorbilder die einen, als Gestalten, die noch auf den Mutterkomplex verweisen und zur Auseinandersetzung drängen die anderen. Die alte Weise ist in den Märchen[51] eine Gestalt, die in Kontakt mit der Natur lebt, große Lebenserfahrung und eine Weisheit des Herzens hat, eine Intuition für das, was notwendig ist, und die authentisch ist – sie selbst. Sie tritt dann auf, wenn sie gefragt wird, sie setzt Heldinnen und Helden auf den Weg, geht den Weg aber nicht mehr selber. Das verweist auch auf einen Aspekt der Generativität, und das ist es, was ausgehend von den Träumen auch in den Träumerinnen belebt wird. Dann treten aber oft auch Kinder in diesen Träumen auf, Neugeborene – die ja unter anderem auch darauf hinweisen, daß auch dieser Übergang als eine Neugeburt weiter ins Leben hinein verstanden werden kann. Oft sind alte Weise und Kind gemeinsam in Träumen anzutreffen. Man kann sie als intrapsychisches Modell für die Beziehung von Großmutter zu Enkelin oder Enkel sehen. Sie zeigen eine neue Beziehungskonstellation, die sich in diesem Alter anbietet, und die sich nicht nur auf biologische Enkelinnen und Enkel beziehen müßte. Auf jeden Fall stellt sie Beziehung zwischen Großmüttern und Enkeln noch einmal eine ganz neue Beziehungskonstellation dar, eine Beziehungskonstellation, die von freigebiger Liebe gekennzeichnet ist, von offen ausgedrückter Zuneigung, eine Beziehung aber, die durchaus zum Nachdenken anregt. Denn die kleinen Enkelinnen und Enkel stellen oft Fragen, die wirklich bedacht werden wollen, so etwa wie: Was ist das, tot sein? Bist du dann auch einmal tot? Was ist „glücklich sein"? Die Kinder wollen natürlich eine Antwort, aber die Großmütter brauchen auch für sich eine. Dann wollen die Enkelinnen und Enkel genau wissen, wie es war, als Großmutter ein Kind war, welche Besonderheiten sie hatte, welche Untugenden, und dann wollen sie natürlich wissen, was für Kinder ihre

Mutter, ihr Vater waren. Hier wird ganz deutlich, daß die Großeltern im Leben der Enkel für Kontinuität sorgen, daß sie aber auch die ersten Vermittler von Geschichte sind und damit von einem wesentlichen Aspekt von Kultur, lassen sie sich wirklich ins Gespräch mit Enkelinnen und Enkeln ein. Eine faszinierende, beglückende Phase des Lebens beginnt also!

Es ist an den Frauen selbst, daß sie sich das Leben im und nach dem Klimakterium nicht entwerten lassen, daß sie nicht selbst den Eindruck verbreiten, sie würden jetzt zum „alten Eisen" gehören, daß sie sich nicht selbst auf unsere biologischen Funktionen reduzieren. Eine Kollegin in höherem Alter sagte in einem Vortrag sinngemäß, die Frau müsse sich bald entscheiden, ob sie eine Antiquität oder ein Auslaufmodell werden wolle (Thea Schönfelder).

Zielvorstellung im Klimakterium könnte noch viel deutlicher als zuvor sein, treu sein zu sich selbst und immer mehr die zu werden, die sie eigentlich ist. Wenn dazu auch Züge der alten weisen Frau kommen, weil sie dazu gehört – um so besser. Sie könnte eine Frau werden, die um die Endlichkeit des Lebens weiß, aber auch um das Gestaltenwollen angesichts des Todes, die Gelassenheit hat und auch den Humor behält angesichts der Verluste und die riskiert, das zu leben, was sie schon immer leben wollte.

# Trennungsprozeß und Abschiedsrituale

Es gibt aber nicht nur die normativen Lebensübergänge, die zu Krisen sich auswachsen können, es gibt auch erzwungene Lebensübergänge, die nicht selten krisenhaft werden, auch weil wir zu wenig wissen, wie mit ihnen umgegangen werden kann.

Eine solche Krise kann bei der Trennung von einem Lebenspartner oder einer Lebenspartnerin entstehen.

## Der Trauerprozeß bei Trennungen durch Entschluß

Bei Trennungen durch Entschluß verlieren wir einen Menschen, mit dem wir zusammenleben, vielleicht alt werden wollten; wir verlieren aber auch Hoffnungen, die wir mit dieser Beziehung verbunden haben, und wir verlieren viel an Geborgenheit, die das alltägliche, gewohnte Leben ermöglicht. Für diese Form der Trennung kennen wir keine Rituale, die uns helfen würden, mit diesem schwierigen Lebensübergang zurechtzukommen.

Der Trauerprozeß beginnt auch hier mit der Phase des Nicht-wahrhaben-Wollens: Man will es über längere Zeit nicht wahrhaben, daß etwas Grundsätzliches in der Beziehung nicht stimmt. Man findet immer wieder Erklärungen für Unstimmiges. Kann man aber nicht mehr vor sich selber verbergen, daß die Beziehung nicht mehr stimmt, daß man destruktiv miteinander umgeht, daß sie tot und nicht mehr wiederbelebt werden kann, dann setzt zunächst in der Vorstellung ein Trennungsprozeß ein. Man spielt die Trennung vielleicht gedanklich durch, nähert sich damit einer möglichen tatsächlichen Trennung an, geht aber immer wieder zurück in das eigentlich Nicht-wahrhaben-Wollen.

Der faktischen Trennung geht meistens ein schwieriger, länger andauernder Entscheidungsprozeß voraus. Innerhalb dieses Entscheidungsprozesses sind Bewegungen des sich Trennens und der nachfolgenden Wiederannäherung zu sehen, die rhythmisch auftreten. Diese Bewegungen entsprechen dem Wunsch nach Trennung und der Angst vor der Trennung, vor der Veränderung, vor dem Alleinsein.

**Die Schuldgefühle**
Wird der Entschluß der Trennung in die Tat umgesetzt, folgt nach einer vorübergehenden Erleichterung die Phase der chaotischen Emotionen mit Angst, Wut, Rachegefühlen, Schuldgefühlen, Trauer, Enttäuschung.

Eine wichtige Rolle spielt alles, was mit Schuld und den damit verbundenen Gefühlen zu tun hat. Wenn jeweils die Schuld – und damit auch die Schuldgefühle – dem Partner oder der Partnerin zugeschoben wird, kann hier der Trauerprozeß bereits zum Erliegen kommen. Da wird dann einem oder einer die ganze Schuld zugeschoben, der andere oder die andere sieht sich als schuldlos. Daß damit der Trauerprozeß zum Erliegen kommt, zeigt sich dann etwa darin, daß Menschen zehn Jahr nach einer Scheidung immer noch sagen können: Hätte meine Exfrau mir nicht ständig Vorwürfe gemacht, wir wären noch zusammen. Oder: Hätte mein Exmann nicht immer alle Verantwortung verweigert, wir wären heute noch zusammen. Oder: Ich werde heute noch – nach 12 Jahren – total wütend, wenn ich daran denke, wie treu ich war und wie verlogen mein Partner!

Die Schuldgefühle sind nicht zu vermeiden; bei der Trennung durch einen Entschluß ist man am anderen Menschen schuldig geworden: Man hat ein Versprechen gebrochen, alltäglicher aber ist man dadurch schuldig geworden, daß man einander immer wieder entwertet und entwertet hat. Zudem ist man, mehr abstrakt, aber mit sehr konkreten Auswirkungen, an der Liebe schuldig geworden: Bei einem Verlusterlebnis durch Tod kann man durchaus als Liebende zurückbleiben, nicht aber bei einer Trennung durch Entschluß.

### Ein erstes schwieriges Abschiedsritual: Die Wirkungsgeschichte erzählen – statt Schuldgefühle herumzuschieben

Statt sich gegenseitig die Schuldgefühle zuzuschieben können sich beide erzählen, wie sie aufeinander eingewirkt haben im Laufe ihrer Beziehung, so daß es letztlich zu diesem nicht gewünschten Ende gekommen ist. Schuldgefühle weisen daraufhin, daß etwas in die Verantwortung genommen werden muß. Man erzählt sich also gegenseitig die Geschichte der Wirkungen aufeinander, möglichst emotional und ohne Beschönigung. Man versucht dabei, von den Schuldzuschreibungen abzusehen und die eigene Verantwortlichkeit zu formulieren. Daß ein solches Ritual ein hohes Maß an Einsicht in die Paardynamik und in den eigenen Schatten braucht, ist nicht zu übersehen. Es ist deshalb auch oft ein Verfahren, das in einer Therapie, die Trennung zum Ziel hat, angewandt wird.

Meistens werden einige wenige Episoden thematisiert, von denen aus das ganze Unheil in der Sicht des Paares seinen Lauf nahm, und die als exemplarisch gelten können für die ganze Beziehungsgeschichte. Nicht selten wird dabei auch schon der „falsche Beginn" thematisiert.

**Beispiel**
Ein Paar ist in der Therapie, um sich gut trennen zu können, und rekonstruiert oder konstruiert die Geschichte der gegenseitigen Einwirkung.
Im folgenden geht es um eine Episode
Er: „Eigentlich war das ganz typisch. Damals, als eines unserer Kinder so schwer erkrankte, hast du mich im Geschäft angerufen und gefragt, was du den jetzt alles machen solltest und ob es wohl noch möglich sei, den Termin beim Frisör wahrzunehmen. Ich habe mir die Haare buchstäblich gerauft und mich gefragt, ob ich denn wirklich so eine dumme, unselbständige, eitle, egoistische Frau geheiratet hätte. Ich habe dir von diesen Überlegungen nichts gesagt, nur viele Anweisungen gegeben, den Arzt benachrichtigt usw., halt alles getan, was getan werden mußte."
Sie: „Ich habe ich damals angerufen und auch wegen dem Frisör gefragt, weil du mir immer vorgehalten hast, ich sei viel zu ängstlich mit den Kindern. Deshalb habe ich auch den Arzt nicht angerufen. Hätte ich nicht deine Kritik gefürchtet, ich hätte den Arzt schon viel früher geholt. Ich fühlte mich nach dem Anruf bei dir wirklich dumm – du hast mich deine Verachtung schon spüren lassen."
Er: „Na ja, dank mir ging dann alles noch gut."
Sie: „Das ist wieder typisch, daß du das sagst."

Das zentrale Thema dieses Paares zeigt sich in dieser Episode deutlich:

Sie wurde immer unselbständiger, weil er „alles" bestimmt hat.

Er glaubte, alles bestimmen zu müssen, weil sie so unselbständig war und keine Ideen hatte.

Beim Erzählen von einigen weiteren Episoden, die jeweils um dieses Thema kreisten, verstanden beide, daß sie sich in diesem Verhalten gegenseitig bestimmten, daß dadurch dieses Verhalten wiederum eskalierte und beide mit Verzweiflung und Wut erfüllte. Die Frau war wütend darüber, daß er sie so unselbständig gemacht hatte, er, daß er eine so langweilige Frau geheiratet hatte und diese durch sein Verhalten zunehmend noch langweiliger machte. Die Folge: Beide entwerteten den Partner und sich selbst permanent.

Was ist jeweils in die Verantwortung zu nehmen?

Die Frau muß die Verantwortung dafür übernehmen, daß sie so sehr hat über sich bestimmen lassen, der Mann, daß er diese Frau geheiratet hatte, daß er sehr vieles allein bestimmte, ohne sich über die Konsequenzen im klaren zu sein.

Der Blick ging dann zurück zum „Irrtum der Wahl" bei der Partnerschaft.

Diesen beschreibt der Mann so: „Ich fühlte mich sehr geschmeichelt, daß eine so schöne Frau sich um mich bemühte – ich fand mich eher unscheinbar, zu klein, zu dick. Aber eigentlich wußte ich bereits, daß sie langweilig war, sich nur für Dinge interessierte, die mich nicht interessierten, wie etwa Kino und Theater, und daß sie wenig Interesse an Sex hatte – ich aber großes."

Die Frau: „Ich wollte einen Akademiker und einen Mann, der wußte, wo es lang geht. Den habe ich bekommen, aber ich habe auch schon zu Beginn unserer Bekanntschaft gespürt, daß er mich verachtete, aber das habe ich verdrängt. Einer Freundin erzählte ich, daß er mich verachte, aber daß ich ja auch viel dümmer sei als er. Dann habe ich diese Erkenntnis verdrängt. Ich hoffte auch, daß er mich dann irgendwann schon achten würde, etwa wenn wir Kinder hätten. Aber er hat mich immer mehr verachtet – und ich mich auch."

Es folgte der beiderseitige Erkenntnisschock und die Trauer darüber, daß die Wahl des Partners und der Partnerin erfolgte, um bei beiden Defizite aufzufüllen: Der Mann wurde durch die Frau narzißtisch bestätigt, sie konnte weiter im Status einer „Tochter" sein und brauchte nicht selbstverantwortlich zu werden. Die Einsicht, daß sie sich gegenseitig ein Defizit aufgefüllt haben, sozusagen gegenseitig ein Loch in ihrer Identität gestopft haben, daß die Beziehung aber kaum eine Herausforderung bot und noch weniger eine wirkliche Bereicherung war, und daß sie sich auch nicht respektierten, erfüllte beide mit Trauer. Beide übernahmen die Verantwortung für diese Wahl, bedauerten sie und verstanden sie auch als damals notwendigen Schritt in ihrer Entwicklung.

Bei den gegenseitigen Schuldzuweisungen wurde ihnen klar, wie sehr sie sich von Anfang an entwertet hatten, die Mann seine Partnerin offen, sie ihn eher verdeckt. Zu der Rekonstruktion der Wirkungsgeschichte gehört auch, daß die Entwertungsgeschichte zu einem Abschluß gebracht wird, daß die Menschen wieder in ihrem Wert voreinander bestehen können.

Bei diesem Rekonstruieren oder Konstruieren des Einwirkens aufeinander geht es auch oft um psychodynamisches Verständnis.

**Beispiel**
Ein Ehemann hörte in der Wahrnehmung seiner Frau einfach nicht zu und war dann sehr empört darüber, daß die Frau gewisse Entscheidungen gefällt hatte, von denen sie annahm, daß ihr Partner sie – ohne Diskussion zwar – billigte. Er warf ihr vor, ihn zu manipulieren. Die Frau indessen zeigte ihre Ohnmacht und ihre Wut: Was sollte sie denn noch tun? Etwa auf den Knien fragen? Sie empfand das Verhalten ihres Partners als ausgesprochen aggressiv, auch wenn er nicht wirklich laut aggressiv wurde oder erst im nachhinein.

Es ging bei diesem Paar darum zu verstehen, daß es auch eine passive Aggression[52] gibt: indem der Partner einfach nicht zuhört, wertet er seine Partnerin ab, insgeheim heißt das: „Du bist es nicht wert, daß man dir zuhört." Würde er laut und deutlich sagen, daß er ihr nicht zuhören will, würde man das sehr wohl als aggressiv erleben. Indem er es nicht ausdrückt, sich aber so verhält, wird das nicht weniger aggressiv, man nennt das eine passive Aggression, die im dazugehörenden Partner regelmäßig eine aktive Aggression weckt.[53] Wer passiv aggressiv ist, übernimmt die Verantwortung für die Aggression nicht, denn er oder sie glaubt ja, daß sie sich gar nicht aggressiv verhalten, obwohl ihr Verhalten auf den Partner oder die Partnerin aggressiv wirkt. Erst wenn diese Zusammenhänge klar werden, können zwei Menschen verstehen, wie sie immer wieder in die gleichen Fallen getreten sind.

**Beispiel**
Ein Paar gibt sich gegenseitig die Schuld, daß die anfängliche Akzeptanz, die beiden ein so gutes Selbstwertgefühl ermöglicht hatte und beide im Leben erfolgreicher und glücklicher

sein ließ, „verschwunden" war. Jedes war überzeugt, daß der andere mit der kritischen Haltung begonnen hatte und man dann im Gegenzug auch kritischer wurde.

Die Rekonstruktion der Wirkungsgeschichte kreiste für dieses Paar vor allem darum, daß es normal ist, daß die Idealisierung des Anfangs nicht aufrechterhalten werden kann. Sie fanden heraus, daß es besser gewesen wäre, der Sehnsucht nach dieser verlorenen Idealisierung Raum zu geben, statt sich gegenseitig vorzuwerfen, daß es diese schönen Gefühle füreinander nicht mehr gab. So hätte sich zumindest eine Teilidealisierung aufrecht erhalten lassen. Sie verstanden aber auch, daß sie mit ihrer Idealisierung auch Unverträglichkeiten, über die man durchaus hätte sprechen können, zudeckten. Diese Unverträglichkeiten traten nun hervor und mußten besprochen werden.

Eine solche Geschichte des gegenseitigen aufeinander Einwirkens, eine Wirkungsgeschichte, kann sich an einigen Episoden und Themen festmachen, sie kann aber auch gründlicher untersucht werden, etwa in einer Psychotherapie, bei der dann viele der Verhaltensmuster auch in ihren Ursprüngen gesehen werden. Sie kann in Ansätzen jedoch auch von Paaren selber initiiert werden. Wesentlich dabei ist, daß beide dadurch zu erkennen geben, daß sie miteinander gescheitert sind, daß beide daran einen Anteil haben, daß beide auch Verantwortung für das Scheitern haben.

Schwierig ist es, diese Wirkungsgeschichte auch nur ansatzweise miteinander zu erstellen, wenn ein Partner der Ansicht ist, ganz und gar unschuldig zu sein, ein Opfer, wenn Gefühle der Rache beherrschend werden, weil einer den Eindruck hat, daß ihm nur unrecht geschieht und sich niemand darum kümmert, Gerechtigkeit wiederherzustellen.

## Die Suche nach der Substanz der Beziehung

Bleibt der Trauerprozeß bei Trennung nicht beim gegenseitigen Zuschreiben von Schuldgefühlen stecken, dann wird man die Substanz der verlorenen Beziehung suchen, man wird sich fragen, was bleibt, auch wenn dieser Mensch nicht mehr nah mit einem verbunden ist.

Man fragt sich dann etwa, was der Partner oder die Partnerin zu Beginn der Beziehung in einem belebt hat, welche Seiten man gegenseitig auseinander herausgeliebt hat[54], welche Wünsche und Versprechen mit dieser Beziehung verbunden waren. Gelingt es, sich diese Fragen zu stellen, dann findet eine Wiederannäherung statt. Diese kann manchmal so weit gehen, daß man nicht mehr versteht, warum man sich überhaupt getrennt hat. Gelingt umgekehrt die Wiederannäherung nicht, dann ist man in Gefahr, den früher gewählten Partner und sich selbst zu entwerten, und auch die Zeit wird entwertet, die man mit diesem Menschen verbracht hat.

Leistet man wirklich Trauerarbeit im engeren Sinne, dann wird man in dieser Phase herausarbeiten, was die unbewußte oder die halbbewußte Erwartung an den Partner oder an die Partnerin war, und man wird sich allein gelassen fühlen mit diesem unerfüllten Wunsch.

Die Frau, die einen Mann wollte, der wußte, wie das Leben zu bewältigen war, hoffte insgeheim, daß sie zunächst einen guten „Lehrmeister" hätte, dann aber dadurch selber kompetent würde. Sie stellte sich durchaus vor, einmal aus der „Tochterrolle" auszusteigen und eine kompetente Frau zu werden. Jetzt fragte sie sich ernsthaft, ob ihr das je möglich sein würde. Sie ist wütend auf den Mann, der sie gehindert hat, diesen halb unbewußten Wunsch zu verwirklichen[55].

Ein Mann hatte insgeheim gehofft, in seiner Partnerin jemanden gefunden zu haben, die jederzeit für ihn einstehen würde – was sie auch eine Zeitlang getan hatte. Nun fühlt er sich sehr unsicher, weil er davon überzeugt ist, daß niemand mehr für ihn einsteht.

Oder es konnte jeweils etwas zwischen den Partnern entstehen, das für sich allein keiner von beiden mehr herstellen kann, und zwar deshalb, weil dieser Partner, diese Partnerin nicht mehr mitlebt. So gibt es Paare, die durch eine gegenseitige Anregung ein Interesse mobilisieren können, zum Beispiel an Musik, das eines für sich allein nicht herstellen kann. Daraus wird zunächst ein Vorwurf gemacht: Der Partner, die Partnerin hat diese Lebensqualität mitgenommen, er oder sie „kann es" noch, und man selber bleibt ärmer zurück als zuvor: Aspekte des Gelingens werden auf den Partner oder die Partnerin projiziert, man selbst kommt sich als „besitzlos" vor, auch wenn in Wahrheit beide besitzlos geworden sind. Dabei kann auch festgestellt werden, daß viele der durch die Liebe möglich gewordenen Lebensmöglichkeiten nicht wahrgenommen worden sind, sondern an den Partner oder an die Partnerin delegiert geblieben sind.

So lernte eine Frau mit ihrem Partner „das Lachen", sie wurde viel heiterer, als sie es je gewesen war – und freute sich sehr darüber. Aber der Partner mußte diese Szenen immer initiieren; sie hatte nicht verstanden, daß sie solche Szenen unterdessen auch selbst herstellen konnte, sie war überzeugt, daß mit dem Partner auch „das Lachen" und die Heiterkeit aus ihrem Leben verschwunden waren. Diese Fähigkeit blieb an den Partner delegiert. Erst in einer Therapie brachten die Träume ihr diese Fähigkeit als jetzt auch eigene Fähigkeit zum Bewußtsein.

Die Trauerarbeit in dieser Phase, in der die Substanz der Beziehung verinnerlicht wird und die äußere Trennung voranschreitet, ist eine individuelle Angelegenheit: Es ist eine Besinnung auf die eigene Identität, jenseits der Beziehungsidentität. Dabei wird erlebbar, welche Wünsche man mit dieser Partnerschaft verbunden hat – und vielleicht auch noch immer mit einer neuen Partnerschaft verbinden würde –, es wird auch deutlich, wo man Eigenheiten dem Partner oder der Partnerin angelastet hat, für die man selber die Verantwortung zu übernehmen hat, wo man sich vertreten ließ durch den Partner oder die Partnerin. Es kann aber durchaus auch sein, daß man bei dieser Bestandsaufnahme herausfindet, wieviel Verantwortung für einen anderen Menschen man übernommen hat, wie oft man es zugelassen hat, daß ein anderer Mensch unsere Grenzen überschritten hat, wie oft man die damit verbundene Wut zurückgedrängt hat, weil man die Beziehung schonen wollte und sie damit gerade zu Tode schonte[56]. Viele Menschen nehmen es sich selber übel, daß sie sich an einer Stelle ihres Lebens so entschieden haben, wie sie sich entschieden haben und wie es sich im nachhinein für sie als „falsch" herausstellt: Hätte ich doch damals mich auf den „anderen Verehrer", die „andere Verehrerin" eingelassen! Hier mag helfen, daß man sich ein Leben mit dem nicht gewählten Partner, der nicht gewählten Partnerin phantasiert. Dabei wird man mit großer Wahrscheinlichkeit herausfinden, daß man zwar andere Probleme, aber durchaus eben auch Probleme sich eingehandelt hätte. Auch gilt es, die Situation der Entscheidung noch einmal sich gut zu vergegenwärtigen: Kann man die im nachhinein kritisierte Wahl nicht auch verstehen? Kann man sie sich verzeihen?

Durch diese Auseinandersetzung, die nicht als Paar, sondern individuell, allenfalls in therapeutischer Begleitung, vorgenommen wird, werden Beziehungswünsche und Beziehungsverhalten bewußt. Außerdem wird dadurch das Rohmaterial für mögliche Abschiedsrituale bereitgestellt.

## Abschiedsrituale

### Rituale des Verzeihens und Versöhnens

Lebensübergänge werden in unserer Gesellschaft durch Rituale markiert. So ist etwa eine Beerdigung ein erstes Trauerritual: Die chaotischen Emotionen werden ausgedrückt, man erinnert sich miteinander an den verstorbenen Menschen, der Leichnam wird ins Grab gelegt, und dann geht man miteinander zum Leichenschmaus, man wendet sich vom Tod ab und den Freuden des Lebens wieder zu. So wird in einer kurzen Zeit der Prozeß inszeniert, der anschließend in einem langen, schmerzlichen, weitgehend intrapsychischen Prozeß vom einzelnen vollzogen wird: die Ablösung von einem Menschen, das veränderte, neue Selbstverständnis und die Hinwendung wieder zum Leben. Innerhalb des individuellen Trauerprozesses gibt es dann auch verschiedene, persönliche rituelle Handlungen, die helfen, den Verlust zu verarbeiten.

Rituale sind symbolische, szenisch-gestische Handlungen, klar strukturiert und daher wiederholbar. Sie werden von Menschen aus freien Stücken und bewußt vollzogen und treten als sozial geregelte Akte an die Stelle von Sprachlosigkeit, Handlungslosigkeit oder blinder Ausbrüche. Es gibt Rituale, die einen Zustand eher festschreiben, es gibt aber auch Rituale, die Veränderungen bewirken, sogenannte transformative Rituale, und um die geht es hier.[57]

Wir haben ein gesellschaftliches Ritual für die Liebesbindung, die Hochzeit, aber keines für die Trennung. Die Trennungsrituale werden also eher individuelle Rituale sein, die helfen sollen, sich von einem Menschen abzulösen und sich selber wieder neu zu finden, damit aber auch den anstehenden Lebensübergang zu bewältigen. Rituale heben sich vom alltäglichen Leben ab, ihr Ausdruck ist oft nicht nur sprachlich, sondern auch symbolisch und gestisch. Sprachlich gehaltene Rituale sind eher formelhaft.

## Entgrollungsrituale
### Anerkennen, daß man sich wehgetan und daß man sich gutgetan hat

Das gemeinsame Erstellen einer Wirkungsgeschichte der Beziehung ist bereits ein Versuch, die gescheiterte Beziehung von einer beteiligten Außenperspektive zu sehen, getragen von der Überzeugung, daß beide Menschen für die Beziehung verantwortlich sind und daß es nicht ausbleiben kann, daß man sich in einer nahen Beziehung auch verletzt.

Es ist wichtig, daß gegenseitig anerkannt wird, daß man sich weh getan hat.

Das kann in einem ritualisierten Gespräch erfolgen, in dem es um die Wiederherstellung gegenseitigen Respekts, aber auch um Versöhnung und Dankbarkeit geht, bezogen auf die miteinander verbrachte Zeit.

Prämisse: Ich und du anerkennen, daß nahe Beziehungen nicht ohne Verletzungen gelebt werden können.

Abwechselnd spricht jede Person die drei folgenden Sätze, der andere, die andere hört zu, Rechtfertigungen sind nicht erlaubt.
„Ich anerkenne, daß ich dir wehgetan habe, als ich ..."
„Du hast mir wehgetan mit ..."
„Du hast mir gutgetan mit ..."

**Versöhnung und Dankbarkeit**
Haben die beiden Partner die Substanz der Beziehung herausgearbeitet, führt das im besten Fall dazu, daß sie herausfinden, wofür sie den anderen oder die andere in ihrer Entwicklung gebraucht haben. Dann kann der folgende ritualisierte Satz ausformuliert werden: „Ich brauchte dich ..."

Etwa: „Ich brauchte dich, um mich von meinen Eltern abzulösen", „Ich brauchte dich, um einen besseren Selbstwert zu bekommen ..."

Falls es einem peinlich ist, wozu man einen Partner oder eine Partnerin gebraucht hat, braucht es Verständnis für sich selbst, und daraus folgt das Verzeihen.

Daraus wiederum kann zwanglos ein *Dankritual* folgen:
„Ich danke dir dafür, daß du ..."
„Ich danke dir dafür, daß ich ..."

Hier akzeptieren beide die je eigene Entwicklung. Aber auch die Qualitäten des jeweils anderen, die man sich für diese Entwicklung zunutze gemacht hat.

An dieses könnte sich ein Ritual zur „Rückgabe des menschlichen Wertes" und der menschlichen Qualitäten anschließen:

Prämisse:
Du hast deinen Wert und deine Qualitäten unabhängig da-

von, wie sie in unserer Beziehung zum Tragen kamen und wie du meine Wünsche erfüllen konntest.

Es geht darum, Werte dem anderen Menschen „zurückzugeben", sie zu benennen, auch wenn man sie in der gelebten Beziehung nicht mehr als Wert erleben konnte.

Auf die Frage, ob im Fehlverhalten ihres Partners oder ihrer Partnerin ein Wert verborgen sein könnte, formulierte das Paar aus dem ersten Beispiel:

Sie: „Er hat wirklich einen guten Überblick über das, was getan werden kann, und er hat viele gute Ideen, und er gibt ganz selten auf, er hat eine ungeheure Durchhaltekraft." (Früher nannte sie das Sturheit.)

Er: „Sie kann etwas annehmen, sie kann zuhören, sie braucht nicht immer alles allein zu bestimmen. Sie ist nicht objektiv langweilig, ich langweile mich mit ihr, weil wir keine gemeinsamen Interessen teilen und wir wirklich nicht miteinander sprechen können."

Trauerarbeit bei Trennung soll dazu führen, daß die Beziehung nicht einfach als etwas Falsches gesehen wird, meistens wird es deutlich, wofür man diese Beziehung gebraucht hat und weshalb es einem nicht möglich war, sich schon früher aus einer dysfunktional gewordenen Beziehung zu lösen. Erst dann kann man sich selber verzeihen, daß war, was war, und auch dem anderen verzeihen. Jetzt ist es möglich, die Konsequenzen für die Zukunft in die eigene Verantwortung zu nehmen. Um das zu können, müssen Erfahrungen, die als „ungerecht" erlebt worden sind, zumindest ausgedrückt und vom anderen Menschen gehört werden. Vielleicht muß auch noch am Schluß ein wenig Groll bleiben: Er schafft die Distanz und verhindert die Abwertung der eigenen Person.

## Symbolische Rituale

Wenn eine Beziehung für beide auch einen deutlich erlebbaren symbolischen Charakter hatte, sie als eine Beziehung über das hinaus, was sichtbar ist, erlebt wurde und auch auf etwas Hintergründiges verwiesen hat, etwa auf den gemeinsamen Weg als etwas Numinoses, Ehe als etwas verstanden wurde, das die Ganzheit des Lebens ausdrückt, dann kann das Bedürfnis entstehen, sich auch durch ein symbolisches Ritual zu trennen.

Es geht dabei darum, Gegenstände oder Gewohnheiten, die die Beziehung symbolisiert haben, zu verändern:

So könnten zum Beispiel die Trauringe eingeschmolzen werden, und beide könnten je für sich selbst daraus etwas Neues machen lassen, etwa eine Krawattennadel, ein Schmuck zum Anstecken – aber keineswegs mehr in Ringform und auch keineswegs etwas, das man an eine Kette anhängt oder gar eine Kette selbst. Mit solch einem symbolischen Akt würde man zum Ausdruck bringen, daß man die Zeit, die man mit diesem Menschen verbracht hat, nicht aus dem Leben streichen kann, daß man sich durchaus daran erinnern kann und soll, aber nicht mehr im Sinne einer Bindung.

Andere Paare entschließen sich, einen Gegenstand, der symbolisch für die Beziehung stand, gemeinsam zu verbrennen oder zu begraben. Anschließend an diese Zeremonie gehen sie dann getrennte Wege und treffen sich mit den Menschen, die für sie in diesem neuen Lebensabschnitt wichtig sind. Hier ist die Analogie zur Hochzeit offenbar, nur daß man nun getrennt „feiert" mit jeweils einem anderen Menschen.

Es mag auch wichtig sein, daß beide die gemeinsame Wohnung verlassen, weil diese ja auch als Symbol des gemeinsamen Lebens gelten kann.

Wieder andere, die zum Beispiel einen „Weg" hatten, den sie gerne immer einmal miteinander gegangen sind, gehen ein letztes Mal diesen Weg gemeinsam bis hin zu dem Ort, an dem sie intensive Erinnerungen haben an glückliche oder zumindest intensive Zeiten – und dann gehen beide getrennt einen neuen, eigenen Weg zu ihren neuen Wohnungen.

Diese mehr symbolischen Rituale scheinen mir jedoch erst dann möglich zu sein, wenn ein Minimum an seelischer Verletzung durch die mehr verbalen Rituale aufgearbeitet worden ist. Den richtigen Zeitpunkt dafür zu finden ist äußerst wichtig, es ist der Zeitpunkt, bei dem die Trauer schon zu einem ersten Abschluß gekommen ist. Diese Rituale müssen unbedingt vorbereitet werden: Man muß sich noch einmal miteinander darüber verständigen, welches denn ein Symbol der Beziehung gewesen sein könnte, wie man sich von diesem Symbol verabschiedet, wie es allenfalls verwandelt werden könnte, und jedes hat für sich einen symbolischen Zugang zum eigenen Leben zu kreieren: Trennung und Neubeginn werden auf diese Weise jeweils inszeniert. Ist das als Paar nicht möglich, dann kann es auch von einem einzelnen Partner vollzogen werden. Das gilt für alle diese Abschiedsrituale, doch sie sind viel wirkungsvoller, wenn das Paar sie miteinander vollziehen kann. Der Trauerprozeß und die damit verbundenen möglichen Rituale bei Trennungen sollen auch die emotionale Scheidung und nicht nur die materielle Scheidung ermöglichen.

# Vom Umgang mit der Krise und vom Finden der Ressourcen

Zu den Krisen, die einen Menschen im Leben treffen können, gehören auch lebensbedrohliche Krankheiten wie eine Krebserkrankung. Krisen im Zusammenhang mit einer Krebserkrankung können sowohl bei der erstmaligen Diagnose Krebs auftreten und dann vor allem – und meistens wesentlich akuter – bei einem Rezidiv, verbunden mit der generellen Verschlechterung des Zustandes. Sie können aber auch im Zusammenhang mit Problemen im Bereich der zwischenmenschlichen Beziehungen auftreten, in der Familie, aber auch in der Beziehung zu Ärzten und Ärztinnen oder dem Pflegepersonal. Krisen, wenn es denn Krisen sind, treten auf, wenn die neue Lebenssituation nicht mehr geleugnet werden kann.

Von einer Krise ist dann zu sprechen, wenn für einen oder mehrere Menschen ein belastendes Ungleichgewicht zwischen der subjektiven Bedeutung eines Problems und den zur Verfügung stehenden Bewältigungsmöglichkeiten entstanden ist. Diese Dynamik führt zu einer immer größer werdenden Einengung des Lebens hin, verbunden mit immer größer werdender, offener oder verdeckter Angst. Es kann an nichts anderes mehr gedacht werden als an das zu bewältigende Problem. Wir erleben fast ausschließlich die Emotionen, die mit diesem Problem verbunden sind, in der Regel Angst und Verzweiflung. Gegenregulationen sind nicht mehr möglich. Es ist zum Beispiel nicht mehr möglich, das Problem ruhen zu lassen und etwa Musik zu genießen. Die Krise im eigentlichen Sinn bezeichnet einen Höhepunkt, einen Wendepunkt, einen Umschlagspunkt in dieser zunehmenden Einengung; die Situation hat sich zugespitzt und drängt auf eine Entscheidung hin. Psychisches Korrelat dieser Zuspitzung ist eine Verunsicherung des Identitätserlebens. In dieser Situation ist mehr Angst als gewöhnlich auszumachen, es ist aber auch eine größere Nähe zum Unbewußten, zu neuen Ideen, aber auch zu Mitmenschen vorhanden, falls die Krise nicht gerade darin besteht, daß man sich total abschottet. Entweder kann der Mensch in der Krise selber mit seiner Angst umgehen, so daß neue Ideen auftauchen – und damit Hoffnung, oder er findet jemanden, der ihn oder sie entängstigt (Krisenintervention), und es setzt eine Entlastung ein, oder aber die Krise verschwindet nach einiger Zeit, man hat sich an das Problem gewöhnt, ohne es auch nur in etwa zu lösen. Die Chance ist vertan.

Krisenhaft spitzt sich die Situation im Zusammenhang mit einer Krebserkrankung dann zu, wenn eine verstärkte Bedrohung erlebbar wird und das Ausmaß dieser Bedrohung nicht eingeschätzt werden kann, damit im Zusammenhang der Eindruck entsteht, keinen oder nur noch wenig Einfluß auf das eigene Leben nehmen zu können. Die Hilflosigkeit nimmt überhand, das Selbstvertrauen schwindet vorübergehend, die betroffenen Menschen sind im Selbstwertgefühl verunsichert. Mit anderen Worten: Die Angst nimmt überhand – und Umgehen mit der Krise bedeutet, umgehen mit der Angst, den Menschen in der Krise entängstigen, soweit das möglich ist. Angst erleben wir dann, wenn wir uns von einer Gefahr ergriffen fühlen, wenn wir uns bedroht fühlen oder ein bedrohliches Ereignis erwarten.

## Die Angst hat viele Gesichter ...

„Ich habe eine ungeheure Angst", sagen die einen. „Ich kann alles ertragen, nur nicht den Verlust der Haare. Wenn ich mir vorstelle, wie ich ohne Haare einkaufen gehen muß, ich könnte jetzt schon in den Boden versinken." Wieder andere: „Ich habe plötzlich eine riesige Angst vor den Spritzen – das hatte ich doch noch nie!" Oder: „Ich habe überhaupt keine Angst, aber mein Partner/meine Partnerin ist voll Angst. Sie arbeiten besser mit ihm oder mit ihr!" „Ich weiß überhaupt nicht, was ich jetzt alles machen soll und muß, ich habe Angst, etwas Wichtiges zu verpassen, und dann wäre der Onkologe bestimmt sehr sauer ..." Diese Aufzählung könnte weitergeführt werden. Die Angst kann auch gebunden sein in der verzweifelten Frage: „Warum ich?" und den meist damit verbundenen Schuld- und Schamgefühlen. Gerade wenn diese Frage „Warum ich" nicht weicht, konstant und konsequent immer gestellt wird – ohne daß daraus ein Schuldgefühl sich ableiten ließe, ist daran zu denken, daß diese an sich natürlich berechtigte Frage als Container für die existentielle Angst wirkt.

Auch hinter einer großen Wut auf das Schicksal kann sich die Angst verbergen. Natürlich haben die Patienten durchaus Grund, auf das Schicksal wütend zu sein, es ist eine vitale Reaktion auf die Lebensbedrohung und weckt die kämpferischen Seiten. Es gibt aber eine Wut, die sich auf die ganze Mitwelt überträgt und sich auch gegen den wütenden Menschen selber wendet, die destruktiv ist und lähmt. Nicht etwa die Angst vor dem Tod oder vor einem unwürdigen Sterben wird zunächst thematisiert, die Angst bindet sich an eine konkrete Lebenssituation, an den Verlust der Haare etwa, an die Spritzen, an die Behandlung – oder sie wird delegiert: Die Angehörigen haben Angst. Das alles sind Versuche, mit der Angst umzugehen. Und in ihnen liegt auch die Chance, sie als Anfang zu nehmen für Geschichten über die Angst. Soll der Mensch in der Krise entängstigt werden, so bedeutet das nicht, daß die Angst weggenommen wird, sondern daß er oder sie möglichst produktiv mit der Angst umgehen kann. Dann muß es möglich sein, über die Angst so zu sprechen, daß letztlich das Gefühl der Hilflosigkeit weniger wird und das Selbstvertrauen wieder mehr und daß das Vertrauen in die eigene Kompetenz und damit in den eigenen Selbstwert wächst.

## Das Umgehen mit der Angst

In der Angst selber liegen viele Ansätze, um mit ihr umzugehen. Einige sollen hier zunächst nochmals benannt werden, bevor es daran geht, über die Angst zu sprechen.

Angst äußert sich als körperliche Spannung, alle Methoden zur Entspannung können auch zur Entängstigung beitragen. Angst setzt dann ein, wenn wir eine komplexe, mehrdeutige Gefahrensituation wahrnehmen. Das erfüllt uns mit Ungewißheit – und die Angst läßt uns Gewißheit suchen. Es ist daher sinnvoll, kranke Menschen so umfassend und so verständlich als möglich über ihre Krankheit zu informieren.

Gerade das aber ist bei der Krebskrankheit sehr schwierig, der Verlauf der Erkrankung kann nicht präzis vorhergesagt werden, zudem haben nicht selten verschiedene Ärzte verschiedene Behandlungsideen. Es wäre aber auch sinnvoll, daß wir Menschen uns klar machen würden, daß im Leben sehr vieles ungewiß ist und daß es sinnvoll wäre, diese Ungewißheit als zum menschlichen Leben gehörend – auch als Voraussetzung für schöpferische Prozesse – zu akzeptieren.

Wir versuchen Angst zu kontrollieren, indem wir bestimmte Abwehrmechanismen (Bewältigungsmechanismen) einsetzen, etwa die Delegation: Der andere Mensch hat dann die Angst, nicht ich. Und wenn ich meinen Partner entängstige, entängstige ich auch mich ein wenig. Wir sind nicht nur fähig, in einem gewissen Rahmen mit solchen Abwehrmechanismen unsere Angst zu kontrollieren. Angstkontrolle findet auch im gesellschaftlichen Rahmen statt, wir kontrollieren bestimmte Gefahren, etwa durch Vorschriften und Gesetze. Wir haben dann aber Angst, einen Strafzettel zu bekommen, weil wir zu schnell durch eine verkehrsberuhigte Zone gefahren sind, statt daß wir uns davor ängstigen, ein spielendes Kind zu überfahren ... Bei Krebskranken kann diese „Gefahrenkontrolle" darin bestehen, daß rigide Diätvorschriften kreiert und dann in der Folge sklavisch eingehalten werden, daß Anweisungen zum Beispiel zu Imaginationsübungen als „Gesetze" verstanden werden, an die man sich halten muß – und solange man sich daran hält, geschieht nichts Schlimmes, wehe aber, man hält sich nicht daran. Verschlechtert sich der Zustand, dann hat man offenbar sich nicht genug Mühe gegeben.

Angst haben wir erst dann, wenn wir uns angesichts einer bedrohlichen Situation hilflos fühlen – und das läßt uns Hilfe holen: Wir brauchen andere Menschen, Mitmenschen, die uns in dieser Situation helfen. Es ist allerdings in dieser Situation durchaus charakteristisch, daß der helfende Mensch nun leicht in die Rolle einer Autorität gerät, nicht mehr Hilfe zur Selbsthilfe anbietet, sondern die Sache in die Hand nimmt. Das aber wiederum verstärkt auf die Dauer gesehen bei dem Hilfesuchenden das Gefühl, die Kontrolle über das eigene Leben verloren zu haben und beeinträchtigt das Selbstwertgefühl, was wiederum noch anfälliger macht für das Erleben von Angst.

Wird die Bedrohung aktuell erlebt, dann müssen diese damit verbundenen Befürchtungen analysiert werden – zusammen mit anderen Menschen. Man wird sich fragen, ob die Bedrohung wirklich die ist, die man sich vorstellt, oder ob vielleicht darin auch ein lebensgeschichtlicher Überhang auszumachen ist. So kann etwa eine alte Autoritätsangst in dieser Erfahrung wieder zum Vorschein kommen, die weniger mit dem behandelnden Arzt zu tun hat als mit den Autoritäten, die in der Kindheit erlebt wurden.

Im Zusammenhang mit der Bedrohung ist immer auch ein Wert in Gefahr. Wirksam Angst bekämpfen können wir zum Beispiel dann, wenn wir einen bedrohten Wert durch einen höheren Wert ersetzen können. Hat jemand Angst, das Gesicht zu verlieren, dann ist es sinnvoll zu fragen, ob es vielleicht nicht einen höheren Wert gibt, der sich dann gegen die Angst als wirksam erweist. Ist allerdings der Wert des Lebens in Gefahr, dann ist es schwierig, einen höheren Wert zu finden – und doch wird immer wieder einer gefunden und muß einer gefunden werden: Es geht nämlich um Leben jetzt, um das Leben, das noch bleibt und nicht total von der Krankheit dominiert wird.

## Das Sprechen über die Angst

Die meisten Ansätze zur Angstbewältigung, die in der Emotion Angst selber stecken und die auch die verschiedenen psychotherapeutischen Schulen begründet haben, gehen davon aus, daß Angst mit anderen Menschen zu teilen eine gute Möglichkeit ist, sich zu enttängstigen. Und Angst zu teilen, das bedeutet, über die Angst zu sprechen.

Das ist aber gar nicht so einfach: Angst macht nämlich oft sprachlos, und zwar nicht nur den Menschen, der von der Angst ergriffen ist, sondern auch Helferinnen und Helfer. Die Angst des Krebspatienten oder der Krebspatientin und die Sprachlosigkeit der Ärzte bedingen sich gegenseitig. Auch in der psychotherapeutischen Begleitung, bei der die Angst ja ein zentrales Thema ist, besteht dieses Problem.

**Ein Beispiel**
Eine 40jährige Frau mit einem metastasierenden Brustkrebs sagt, nachdem sie erfahren hat, daß eine Therapie nicht angeschlagen hat: „Jetzt habe ich einfach wahnsinnig Angst." Ich als Therapeutin fühle mich wie gelähmt, finde alles, was ich dazu sagen könnte, unendlich banal – habe die Wahl zwischen Schweigen oder einem abwehrenden Fragen oder Erklären. Ich verstehe meine Reaktion als Gegenübertragung, als emotionale Reaktion auf die Situation der Patientin, in diesem Falle als Ansteckung durch ihre Gefühle, nicht so sehr in der Emotion der Angst als solcher, sondern im Gelähmtsein durch diese Angst. Ich spürte, daß ich gar keine Lust hatte, mit der Patienten über diese Angst zu sprechen. Während ich mir diese Überlegungen machte und mir sagte,

daß ich jetzt empathisch mit mir in dieser Situation umgehen müsse, um auch empathisch mit der Patientin umgehen zu können, sagt sie: „Am liebsten würde ich die Angst totschweigen. Aber ich weiß ja, daß die Angst weniger wird, wenn wir über sie reden."

Wir sprechen dann über die Lähmung, die die Angst auslöst, über den Totstellreflex, über die irrige Hoffnung, daß die Angst weggeht, wenn wir nur nicht hinschauen. Ein Gespräch über das nicht Sprechenwollen und -können über die Angst ist oft der Anfang des Redens über die Angst. Es gibt nicht viel zu sagen in der Angst, außer daß alles gelähmt ist – zunächst einmal. Die Angst der Menschen in der Krise steckt in der Regel immer die helfenden Menschen an, und das Ausmaß der erlebten Angst der Helfer und Helferinnen entscheidet darüber, ob man in der Lage ist, den betreffenden Menschen zu entängstigen. Es ist aber oft nicht die Emotion, die erlebt wird, sondern die Folge davon: Lähmung oder Aktionismus. Es besteht eine große Gefahr, daß wir Angst abwehren, indem wir furchtbar viel in Gang setzen und viele äußere Probleme meistens auch noch gleichzeitig lösen wollen. Dieses „alles" und „gleichzeitig" lösen zu wollen weist darauf hin, daß Angstabwehr im Spiel ist, eine Angstabwehr, bei der die Patienten gerne mitmachen, weil sie froh sind, wenn die Angst möglichst rasch gebannt ist. Nun gibt es Situationen, in denen man wirklich einiges klären und damit die Menschen entängstigen kann, aber nicht „alles gleichzeitig". Das gilt zum Beispiel in Situationen, in denen jemand Angst hat, die Arbeit zu verlieren, oder sich wegen zunehmender Verschuldung in immer dubiosere Situationen hineinverwickelt. Bei einer Krise bei einem krebskranken Menschen wird das eher nicht möglich sein. Sprechen über die

## Vom Umgang mit der Krise und vom Finden der Ressourcen

Angst kann man nur mit Menschen, die selber die Angst aushalten können, die sie nicht oder nur vorübergehend abwehren müssen, und die auch mit ihrer Angst umgehen können. Mit der Angst umgehen zu können meint, diese zu spüren samt der Hilflosigkeit angesichts des Todes, sich dann von ihr distanzieren und tun, was angesichts dieser Hilflosigkeit noch möglich ist: dabei zu bleiben. Mit der Angst umgehen zu können heißt auch, dem betreffenden Menschen in seine Gedanken, Phantasien, Entwicklungen zu folgen. Faßt er oder sie einen frühen Tod ins Auge, dann müssen auch wir das zunächst tun und mitphantasieren, was das bedeutet, auch wenn wir später darauf hinweisen, daß die Alternative auch Leben heißen kann.

Wie folgen wir diesen Menschen? Aus diesem lähmenden „Ich habe einfach grauenhaft Angst" muß eine Geschichte werden über die Angst, über die man reden kann.

Im primär vorstellungsbezogenen Sprechen, im Erzählen, wird Erfahrung prozeßhaft als aktuelles Geschehen re-inszeniert, der Erzähler oder die Erzählerin übernimmt alle Rollen der beteiligten Personen, verstrickt sich erneut in den Sachverhalt, um den es geht. Es geht um Selbstdarstellung, um Ausdruck von persönlichen Wesenszügen und von anstehenden Konflikten, und das ist an einem zuhörenden Menschen orientiert. Dadurch entsteht eine spezielle Wirklichkeit, die sich von der ihr zugrundeliegenden Erfahrungswirklichkeit unterscheidet, ohne deshalb unwirklich zu sein, es ist ein Erzählraum, ein ganz besonderer Beziehungsraum.

Die Vergangenheit wird durch das Erzählen lebendig als wäre sie Gegenwart, und das vor allem aufgrund des gemeinsamen Vorstellungsraumes, der es ermöglicht, eine Erinnerung lebendig darzustellen und sie auch hör- und situationsspezifisch etwas zu verändern. Wenn wir erzählen, öffnet sich ein Zeitraum: das Nicht-mehr-Präsente und das Noch-nicht-Präsente wird im Erzählen präsent, wird in der Erzählung gestaltete und zum Umgestalten freigegebene Gegenwart. So wird Veränderung möglich.

Nun ist es dann, wenn es gelingt, mit Krebskranken ein solches Gespräch zu initiieren, nicht einfach so, daß eine Geschichte produziert würde, in der die Angst deutlich angesprochen wird, auch wenn der Therapeut oder die Therapeutin durchaus empathisch mitgehend zuhört. Es ist wahrscheinlich gerade die Kunst, aus den kleinen Geschichten des Alltags, die erzählt werden, die Angst herauszuhören, aber nicht nur die Angst, und das ist das Wesentliche, sondern auch den Mut.

Die erwähnte an Brustkrebs erkrankte Frau spricht über Beerdigungen, nachdem wir über die Versuchung, die Angst totzuschweigen, gesprochen haben. Sie erzählt von Beerdigungen, an denen sie schon teilgenommen hat, und die ihr alle nicht wirklich gefallen haben. Wir sprechen dann intensiv weiter miteinander über Beerdigungen. Schließlich sagte sie: Ich weiß jetzt, was ich nicht will, jetzt muß ich mir überlegen, wie meine Beerdigung aussehen soll. Im Sprechen über Beerdigungen wird die Angst der Patienten benannt, als eine „arme Frau" dargestellt zu werden, als eine vom „Schicksal stiefmütterlich Behandelte". „Es muß deutlich werden bei der Beerdigung, daß ich ein reiches Leben gehabt habe – neben diesem Krebs." Dafür wollte sie selbst noch sorgen, das wollte sie jetzt in die Hände nehmen. Und dann sprach sie vom Reichtum ihres Lebens. Plötzlich begann sie zu weinen: „Ich habe schrecklich Angst davor, allen zur Last zu fallen, Schmerzen zu haben, in der Erinnerung meiner Kinder und meines Mannes nur noch diese dahinsiechende Frau zu sein ... Aber vielleicht bleibt man doch mehr als nur die kranke Frau?" Hier ist nun eine Hoffnung formuliert, die weiter tragen kann und aus der aktuellen Krise möglicherweise hinausführt.

Dieses Gespräch ist typisch für viele Gespräche über die Angst. Natürlich muß die Angst einen Namen bekommen, damit sie auch gebannt ist, aber das geschieht nicht so leicht. Wir sprechen zwar von existentiellen Ängsten – und wir wissen meistens auch, was wir damit meinen, weil wir alle schon einmal von existentiellen Ängsten heimgesucht worden sind –, aber wie wissen wir, daß es genau dieselbe Angst ist, die auch mein Nächster oder meine Nächste hat? Man muß den Spuren der Angst nachgehen, indem man einen Erzählraum schafft, in dem die Angst ihren Platz hat, in dem sie sich in all ihren Gesichtern zeigen und auch verwandeln darf. Ängstigen wir uns, dann schwindet unser Selbstvertrauen, schwindet aber unser Selbstvertrauen, ängstigen wir uns leichter. Das Selbstbild wird im Zusammenhang mit einer Krebserkrankung sowieso oft nicht besonders wohlwollend gesehen. So schreibt Ruth Picardie beispielsweise: „Ich bin (noch mehr) zu einer verbitterten, wütenden, mißgünstigen, depressiven alten Kuh geworden, die sich nicht einmal aufraffen kann ..."[58]

Mit der Angst umzugehen heißt immer auch, das Selbstwertgefühl so gut als möglich wieder herzustellen, das Selbstbild dadurch auch wieder annehmbarer zu gestalten. Nicht selten werden in Gesprächen über die Angst Erfahrungen benannt, die den Selbstwert wiederum regulieren: In dem oben genannten Beispiel das Bedürfnis, daß bei der Beerdigung als auch reiche Frau gesehen werden will. In der Folge ist es ihr dann möglich zu erzählen, wie sie den Reichtum ihres Lebens sieht. Ist die Selbstwerthomöostase wieder einigermaßen im Gleichgewicht, dann kann die Angst zugelassen werden: die Angst davor, den anderen zur Last zu fallen, das heißt auch, Angst davor, die Autonomie zu verlieren, die Angst vor den Schmerzen, die Angst, in der Erinnerung der Hinterbliebenen nur noch als die sterbende Frau weiterzuleben. Und sie selber findet eine zaghafte Antwort auf diese Angst: Vielleicht ist ein Mensch mehr als seine Krankheit – und das bis hin zum Tod. Mit dieser fast fragenden Feststellung stellt sie wiederum ihren Selbstwert her, ihre Würde – auch im Vorausblicken auf eine möglicherweise schwierige letzte Phase ihres Lebens. Auch hat sie jetzt Ängste benannt, bei denen allenfalls auch Information helfen kann. Wie kann sie möglichst autonom bleiben, auch wenn sie Hilfe braucht? Wie kann sie diese Hilfe organisieren? Ein Gespräch mit ihrem Arzt über Schmerztherapie ist nun wiederum angesagt, auch wenn diese Gespräche schon oft geführt worden sind. Der Hintergrund dieser Ängste: daß sie als reicher Mensch in der Erinnerung der Hinterbliebenen bleiben möchte, eröffnet ein neues Gespräch: Indem sie ausdrückt, genauer ausdrückt, wie sie gesehen werden möchte, zeigt sie auch noch einmal, was sie an ihrer Persönlichkeit als das Einzigartige auffaßt, als ihre Stärken, aber auch als das Wesen ihrer Persönlichkeit. Und dies möchte sie solange als irgend möglich erhalten.

Auch die Frage nach der Tragfähigkeit ihrer Beziehung schwingt mit: Achtet und liebt man sie, wenn sie nicht mehr die ist, die sie jetzt ist. Wenn sie nicht nur die Frau sein kann, die allen anderen die Steine aus dem Weg räumt? Auch in der geheimen Besorgnis, daß ihre Familie ihr möglicherweise nicht die Beerdigung ausrichtet, die sie sich wünscht, steckt die unausgesprochene Frage, ob sie mit ihren Wünschen wahrgenommen, aber natürlich auch, ob sie ihre Wünsche auch deutlich genug äußert und den anderen mitteilt.

## Vom Sprechen über die Angst in Beziehungen

Nicht nur in der Therapie ist es wichtig, über die Ängste zu sprechen, es ist auch wichtig, daß dieses Sprechen als Modell erlebt wird: miteinander über die Ängste zu sprechen, macht sie erträglicher und stärkt die bestehenden tragfähigen Beziehungen. Nicht nur die kranke Frau hat Angst vor der letzten Phase des Lebens, das haben auch die Angehörigen. Auch sie fragen sich, ob die Kraft ausreichen wird, diese Phase so zu gestalten, wie sie es sich vorgenommen haben und es sich wünschen, ob die Liebe ausreicht, ob es ihnen als Lieblosigkeit ausgelegt wird, wenn der Wunsch, zu Hause zu sterben dann doch nicht erfüllbar ist? Was tun, wenn man die Schmerzen des geliebten Menschen nicht mehr aushält? Dieses gemeinsame Sprechen über die Angst kann die Bindung zu den Angehörigen, zu anderen Menschen ungemein stärken.

Aber gerade dieses gemeinsame Sprechen ist gelegentlich nicht mehr möglich. Oder es wird sogar aus der Angst heraus gefürchtet, daß – würde man sich mit diesen letzten Dingen beschäftigen – dann auch der Tod eher eintreten würde. Deshalb müsse man doch positiv denken und fest an das Wunder glauben. Das eine schließt das andere allerdings nicht aus, im Gegenteil. Positiv denken, hoffen – das können wir nur, wenn wir auch die Ängste zulassen können, erst dann ersäuft die Hoffnung nämlich die Angst, wie Ernst Bloch es ausdrückte.[59]

Nicht immer allerdings bringt eine Erkrankung Menschen einander näher – es gibt auch das Gegenteil. Im Nachwort zu Ruth Picardies „Es wird mir fehlen, das Leben" schreibt ihr Mann mit großer Ehrlichkeit: „... aber rückblickend gesehen, wuchs der Knoten nicht nur in ihr, sondern auch zwischen uns, breitete sich so unerbittlich aus wie der Krebs selbst."[60]

Wenn vor allem Wut in der Beziehung zu erleben ist, dann muß herausgearbeitet werden, was diese Wut will. Meistens geht es dabei um Selbstbehauptung und um Selbstverwirklichung, aber auch um Grenzsetzung und um Grenzbereinigungen im Umgang mit den Mitmenschen. Und hier muß gelegentlich auch neues Verhalten gelernt werden. Doch nicht nur im Zusammenhang mit Grenzsetzungen ist dieses gefragt, sondern auch überhaupt in der Auseinandersetzung mit den Reaktionen der Mitmenschen auf die Krankheit: Wie geht man um mit der Trauer der anderen Menschen, die man gerade jetzt nicht brauchen kann? Wie geht man um mit dem Mitleid, das man überhaupt nicht mag? Mit den Ratschlägen und mit den ungebetenen Hinweisen, wie ein anderer Krebskranker durch eine Spezialbehandlung doch nicht überlebt hat? Wie geht man um mit den schlecht verhüllten Vorwürfen: Hättest du gesünder gelebt ...? In diesem Zusammenhang ist ein handfestes Verhaltenstraining von Nutzen, also einzuüben, wie man auf solche Situationen gerne reagieren möchte. Auch das ist eine Aktivität, die aus der Hilflosigkeit der Krise hinausführt.

Und dann kann man sich auch die Frage stellen, warum gewisse Reaktionen der Umwelt einen zur Weißglut treiben.

Schwierig sind diese Reaktionen für die Betroffenen allemal. Eine Frau sagt zum Beispiel: „Jetzt habe ich schon den Krebs und muß mit meinem emotionalen Durcheinander irgendwie klarkommen, und jetzt sollte ich auch noch die anderen trösten. Zeigten sie keine Reaktion, das wäre auch schlimm, aber sie sollten doch zum Ausdruck bringen, daß sie selber mit ihren Emotionen in dieser Situation irgendwie klarkommen müssen und wollen."

## Krisenkompetenz

Auch wenn der Umgang mit der Angst zentral wichtig ist im Umgang mit der Krise, gibt es doch noch einige andere Aspekte, die zu beachten sind und die zum Teil direkt zu den Ressourcen hinführen.

Wie bei jeder anderen Krise muß auch hier nachgefragt werden, wie der Mensch in der Krise früher bei Krisen reagiert hat, wie er oder sie sie bewältigt hat. Dabei ist auch interessant zu erfahren, welche Lebensereignisse früher als Krisen erlebt worden sind, vor allem aber, wie damit umgegangen worden ist. Jeder Mensch hat eine gewisse Kompetenz im Umgang mit Krisen, und diese Art der Kompetenz gibt einen deutlichen Hinweis darauf, welche Wege im Umgang mit der Krise eingeschlagen werden können, aber auch, welche Ressourcen vorhanden waren und möglicherweise immer noch vorhanden sind.

So sagt zum Beispiel ein Mann: „Bei emotionalen Krisen, wenn ich zum Beispiel Angst hatte, daß ich die Beziehungsprobleme irgendwie nicht mehr in den Griff bekommen könnte, sprach ich jeweils mit einer mütterlichen Freundin, ohne nur eine kleine Idee von ihr im Gespräch anzunehmen. Dann machte ich jeweils eine längere Bergtour, bei der ich mir alles, was sie gesagt hatte, noch einmal durch den Kopf gehen ließ, ich setzte mich mit ihren Ansichten auseinander, und am Ende der Bergtour wußte ich jeweils, was ich zu tun hatte."

Große Ängste kreisten bei ihm offenbar um das Thema der Beziehung, im Gespräch konnte er Rohmaterial zu seinem Problem holen, das er für sich selber in einer großen Anstrengung, geistig wie auch körperlich, zu seinen eigenen Einsichten und Strategien umarbeitete. Diese Form der Autonomie war ihm sichtlich wichtig. Seine größte Angst kreiste auch bei seiner Krebserkrankung um eine Beziehungsproblematik, darum, ob er von seiner Frau „im Stich" gelassen werde, ob er allein gelassen werde, ob sie „es" ihm jetzt heimzahlen werde. Immer noch verarbeitete er die therapeutischen Gespräche, indem er anschließend längere Spaziergänge machte.

Die Frage danach, wie Menschen mit Krisen vor ihrer Erkrankung umgegangen sind, hilft ihnen, ihre Kompetenz zu spüren, und verbindet sie ihrem früheren Leben, das ja zu ihnen gehört. Sie spüren dann nicht nur die Hilflosigkeit, die mit der aktuellen Krise verbunden ist, sondern auch die Kompetenz. Und manchmal genügt es, sich daran zu erinnern, daß man sich im Laufe des Lebens ja auch eine Kompetenz erworben hat, Probleme zu lösen, daß die Einengung, die aus der Angst erwachsen ist, sich etwas lockert. Dasselbe gilt auch für betreuende Personen. In einer Situation, in der die Angst lähmt, mag es hilfreich sein, sich in Erinnerung zu rufen, daß man schon öfter in ganz verzwickten Situationen sich befand und dennoch eine überraschend gute Intervention gefunden hat oder eine höchst zweifelhafte Intervention doch zu einem guten Resultat geführt hat. Hier wird wiederum deutlich, welch wichtige Schlüsselqualifikation der Umgang mit Krisen ist. Übt man ihn immer wieder ein, so steht das positive Potential in einer aktuellen Krise auch leichter zur Verfügung.

Die Wiederherstellung und die Aufrechterhaltung eines guten Selbstwertgefühls ist im Zusammenhang mit Krisen ausgesprochen wichtig. Die Erinnerung an frühere Kompetenzen, aber auch der Hinweis darauf, daß man einem Menschen zutraut, sein Problem auch selber in die Hand zu nehmen, dienen der Selbstwerthomöostase. Mit den Kompetenzen werden aber auch die Ressourcen sichtbar: sind es Menschen, die auf Beziehungen bauen können, die andere Menschen „nützen" können (ohne sie auszunützen), um mit ihrem Problem besser zurecht zu kommen, oder sind es Menschen, die immer alles aus sich selber heraus bewältigt haben.

Eine Frau erzählt zum Beispiel: Früher, wenn sie eine Krise gehabt habe, meistens im Zusammenhang mit ihrer Arbeit, weil sie da ausgenützt worden sei und nicht die richtige Wertschätzung bekommen habe, habe sie in der Freizeit einen Spezialauftrag angenommen und sich so bewiesen, daß sie besser sei als die anderen. Wieder eine andere sagt, Krisen habe es in ihrem Leben gar nie gegeben. Sobald eine Schwierigkeit aufgetaucht sei, habe sie sie analysiert, Konsequenzen gezogen – und die seien meistens gut gewesen. Das mache sie jetzt ja so fertig. Sie könne zwar die Situation zusammen mit ihrem Arzt analysieren, sie könnten auch Konsequenzen ziehen, aber dann sei das Problem eben nicht bewältigt. Diese Frau muß zwar neue Strategien lernen, dennoch aber ist ihre alte Strategie nicht etwa wertlos, sondern sie läßt erwarten, daß sie, wenn sie einmal eine neue Einsicht gewonnen hat, diese auch konsequent verfolgt wird. Es ist wichtig, auch bei Strategien, die nicht mehr zufriedenstellend funktionieren, ihren Wert für das bisherige Leben herauszustellen und herauszuarbeiten, was sie für die Zukunft immer noch bedeuten könnten. Hier können alte mit noch neu zu findenden Strategien durchaus verbunden werden.

## Ressourcen finden

Im Umgehen mit der Krise eröffnen sich Ressourcen, solche, die man schon immer hatte, solche, die sich neu auftun.

Das Bewältigen der Krise erfolgt nach der Dynamik, nach der grundsätzlich jede große Veränderung erfolgt: Nach anfänglichem Nicht-Wahrhaben-Wollen des Problems folgt die Phase der chaotischen Emotionen, die im Zusammenhang mit der Krebserkrankung meistens mit viel Angst und Wut verbunden ist, aber auch mit Schuldgefühlen dem eigenen Leben gegenüber, die sich als Angst äußern, das Leben ganz falsch gelebt zu haben. Auf die Frage „Warum?" findet man in der Regel immer Gründe: Wenn mit der Angst und der Wut umgegangen werden kann, dann setzt eine Phase des Bilanzierens ein: Was war mein Leben bis jetzt – und was ist es jetzt mit dieser Krankheit? Im besten Fall kommt es hier nun zu Dankbarkeit für das, was war, und für das, was immer noch ist. In diesem Zusammenhang sprechen Krebskranke davon, daß sie Dinge, die sie früher kaum wahrgenommen haben, jetzt viel bewußter wahrnehmen, etwa die Natur, das Wachsen, Schönheit, die Intensität einer Begegnung usw. Die meisten Menschen fassen dies unter dem Begriff Lebensqualität. Doch dies sind auch Ressourcen, die sich zeigen, wenn die Krise bewältigt worden ist. Das bedeutet zwar nicht, daß die Ängste nicht mehr da wären. Doch man kann mit ihnen umgehen und das Leben wird nicht mehr nur unter dem Aspekt der Krankheit gesehen, sondern es werden deutlich Ziele ins Auge gefaßt, die für das eigene Leben wichtig sind, die vielleicht weniger dringlich wären, wäre man nicht krank. Es bleiben aber große emotionale Schwankungen, die wesentlich mit der körperlichen Erkrankung und den Erfolgen und Mißerfolgen bei der Behandlung zusammenhängen. Zudem werden die ganz normalen Probleme des Alltags natürlich als größer und gewichtiger erlebt, wenn man sich am Rande der Belastbarkeit befindet. Da diesen Menschen der Boden unter den Füßen weggezogen worden ist, ist auch die Krisenintervention weniger erfolgreich als in anderen Fällen. Das heißt aber nicht, daß die Krisenintervention nicht gemacht werden sollte, sie wird meistens auf die Länge gesehen als hilfreich erlebt, besonders, daß ein Mensch auch bei erneuten Krisen einfach da ist. So schwierig die Krisen zu bewältigen sind, diese Menschen finden dennoch auch wieder zu mehr emotionaler Stabilität und können sich mit ihrer Situation besser arrangieren.

Die inneren Ressourcen eines Menschen werden im Umgang mit der Krise, und falls die Menschen träumen, auch aus ihren Träumen sichtbar. Man kann aber auch gezielt Ressourcen aufbauen.

In den Märchen trifft man immer wieder die Situation an, daß der Protagnonist, die Protagonistin verzweifelt durch einen Wald irrt, orientierungslos und verängstigt ist, und dann zeigt zum Beispiel ein Rauch an, wo ein Feuer und damit eine

Behausung ist, wie im Märchen „Das Erdkühlein"[61]. Oder ein alter Weiser, gelegentlich auch in der Gestalt eines hilfreichen Tieres, zum Beispiel des Fuchses, taucht auf, so im Märchen „Vom goldenen Vogel"[62]: die inneren Helfer und Helferinnen. Gelegentlich wird der Held oder die Heldin an einen Ort geführt, wo er oder sie es sich wohl ergehen lassen kann, sich erholen kann, wo es ihnen so richtig gut geht. Im Märchen „Das Mädchen ohne Hände"[63] findet die Protagonistin mit ihren Zwillingen eine Hütte im Wald, in der einfach alles vorhanden ist, was man zum Leben braucht. Oder ein Traum zeigt im Märchen das Bild einer alten weisen Frau in einer Hütte, die Rat weiß und den tröstlichen Rat auch gibt, so im Märchen „Die Nixe im Teich"[64]. Meistens wird ein Rat zu einer Handlung gegeben, die eine Entwicklung in Gang setzt. Dieser Rat muß dann auch in etwa befolgt werden. Die Märchen weisen damit darauf hin, daß es Zeiten gibt, in denen man sich einfach erholen darf, und Zeiten, in denen man aktiv sich entwickeln muß. Meistens aber sind Helfer und Helferinnen in den Übergangsphasen aktiv. Diese sind als innere Helfer und Helferinnen auch in Träumen und in Imaginationen auszumachen. Sie entsprechen hilfreichen Kräften in der eigenen Psyche, sie sind meistens „alt", korrespondieren mit alten Weisheiten in unserer Psyche, die uns helfen, auch in schwierigen Zeiten zu leben. Sie werden durch die Imagination, durch die Vorstellungskraft, wahrgenommen, lebendig erhalten und dadurch zu Bildern und Erfahrungen, die trösten können.

## Imagination als Ressource

In der Vorstellungskraft haben wir ein Bild von etwas, mehr oder weniger sinnlich wahrnehmbar, auch wenn kein äußerer Reiz (mehr) vorhanden ist, eine Vorstellung von nicht mehr oder noch nicht Präsentem.[65] Die Fähigkeit zur Imagination ist eine normale menschliche Fähigkeit, die allerdings geschult werden kann. Das geschieht, indem man die verschiedenen Kanäle der Wahrnehmung schult und übt. Nah bei der Wahrnehmung benutzt die Imagination alle Kanäle der Wahrnehmung, die sich leicht untereinander verbinden lassen. Eine Zitrone kann man leicht in der Vorstellung sehen, man kann sie auch riechen, und wenn man imaginativ hineinbeißt, kann man sie auch schmecken. Und etwas Ähnliches läßt sich auch mit Nicht-Materiellem machen: In imaginativen Prozessen kann man diagnostisch Beziehungsverhalten, Konflikte, Bedürfnisse, Eigenheiten, Wünsche, Emotionen hervorrufen und deren Abwehr ausmachen. Man kann therapeutisch Szenarien einer guten Zukunft entwerfen und positive Selbstbilder kreieren; dabei sind verschiedene Selbstentwürfe möglich. Und doch ist es mehr als ein Probehandeln, denn es sind Entwürfe der eigenen Existenz, mit denen man sich wiederum auseinandersetzen kann.

Und ein ganz besonders wichtiger Punkt: In den Vorstellungen zeigen sich unsere Emotionen. Sie können anhand dieser Vorstellungen auch bearbeitet werden. Wir hätten keine Angst vor einem Hund, wenn wir uns nicht vorstellen würden, daß der Hund zubeißen könnte. Wir können uns aber den uns ängstigenden Hund auch mit Maulkorb vorstellen, dann ängstigt er uns in der Vorstellung weniger. Ängstigt uns aber etwas in der Vorstellung weniger, so kann das meistens recht gut auf das Alltagsleben übertragen werden.

## Vorstellungsräume

Imaginationen begleiten die Wahrnehmung und machen ein Ganzes daraus, sie sind ein grundlegendes Prinzip menschlicher Informations- und Emotionsverarbeitung, eine subjektive Simulation von Welt, und diese kann kreativ oder pathologisch sein. Der Raum der Imagination ist ein geheimnisvoller Raum zwischen Außenwelt und Innenwelt, erfüllt von Assoziationen an Erlebtes. Er ist allerdings von sinnlich Erfahrenem abhängig, aber in hohem Maße veränderbar je nach Emotion, je nachdem, was in der Innenwelt konstelliert ist. Erinnerung spielt dabei eine wichtige Rolle, aber diese Erinnerung kann auch umgeschaffen werden, und Phantasien im Sinne von neuen Kombinationen sind möglich. In der Imagination kann man sich Räume erschließen, in denen uns wohl ist, Räume, in denen wir unsere Identität stabilisieren können, wir können Probleme darstellen und uns mit ihnen auseinandersetzen – und man kann diesen Raum der Imagination auch miteinander teilen, und miteinander Erfahrenes, auch Schreckliches, verarbeiten und den verschwiegensten Wünschen erstmals Raum geben. Der Vorstellungsraum, ähnlich wie der Erzählraum, ist ein Raum, den man mit einem anderen Menschen teilen kann, und das bewußte Teilen von Imaginationen verstärkt die soziale und emotionale Nähe. Das wird am deutlichsten in den Phasen der Verliebtheit, in denen man sich solche Phantasien durchaus mitteilt!

In der Imagination ist man selbst aktiv – und kann das auch sehr lange bleiben.

Eine krebskranke Frau, kurz vor dem Tod stehend, sagt: „Ich sehe jetzt immer wieder Bilder des dichten Lebens vor mir – das ist ein wunderschöner Abschied vom Leben. ich rieche noch einmal das Meer, das ich so sehr geliebt habe, den Duft meiner Kinder, als sie Säuglinge waren ..." Diese Frau hatte nach ihrer Erkrankung intensiv mit Imaginationen gearbeitet. Sie hat das imaginiert, was ihr wohl getan hat in ihrem Leben, und war nun in der Lage, auf diese Ressourcen zurückzugreifen.

Im Unterschied zur Alltagswahrnehmung hat die Imagination mehr Freiheitsgrade: Zeit, Raum, Verantwortlichkeit sind freigegeben. Deshalb stellt sich natürlich die Frage, wie man etwas aus einem Raum, in dem mehr Freiheitsgrade sind, in den Alltag hinübernehmen kann?

Es sind vor allem Erfahrungen, die man in den Raum des Alltags übertragen kann. Die Erfahrung, daß alles auch anders sein kann, und die Erfahrung, daß man dem Leben und den anderen Menschen nicht einfach ausgeliefert ist, man kann etwas bewirken, auch in sich selbst. Durch die Freiheitsgrade der Imagination kann sichtbar werden, was wir wirklich wollen. Es gibt kaum Gegenindikationen: Bei ausgeprägter Zwangsproblematik und schweren Depressionen ist es wenig sinnvoll, mit Imagination zu arbeiten. Dann gibt es auch Menschen, die lieber alles konkret darstellen und nicht in der Phantasie, und wenig sinnvoll ist Imagination auch dort, wo Menschen zwar viele Bilder sehen können, diese aber nicht von Emotionen begleitet sind und damit auch wenig emotional bewirken.

Die Fähigkeit zur Imagination ist eine wesentliche Ressource bei allen Menschen, vor allem auch bei Krebskranken:

## Vom Umgang mit der Krise und vom Finden der Ressourcen

Wenn selbstregulierende Tätigkeiten, Tätigkeiten, die normalerweise zu einem guten Selbstwertgefühl geführt haben wie zum Beispiel Bergsteigen, nicht mehr konkret ausgeführt werden können, können sie zumindest noch in der Imagination vorgestellt werden. Je mehr Kanäle der Wahrnehmung dabei beteiligt sind, um so lebendiger sind die Imaginationen, um so mehr sind sie auch emotional betont und nähren uns emotional.

Analog der Erfahrung in Märchen am Tiefpunkt der Krise finde ich es sinnvoll, sich einen guten Ort in der Vorstellung zu sichern, sich Situationen mit allen Kanälen der Wahrnehmung auszumalen, in denen es einem einfach rundum wohl ist. Das geschieht am besten nach einer leichten Entspannung. Wichtig scheint mir dabei zu sein, daß dieser „gute Ort", den man in der Imagination immer auch noch verbessern kann, nicht an die Krebskrankheit erinnert. Diese „guten Orte", die das Erleben von Geborgenheit ermöglichen und dabei auch Entspannung zulassen, stammen meistens aus realen Erfahrungen, die zum Teil weit zurückliegen wie etwa die Baumhütte aus der Kindheit, aus „glücklichen Zeiten vor der Krebserkrankung" oder aus Zeiten der Krankheit, als man die Krankheit vorübergehend vergessen konnte. Diese guten Orte werden in der Vorstellung verändert, bis sie den aktuellen Bedürfnissen entsprechen.

Sie können auch mit Aktivität verbunden sein: So sieht sich eine schwerkranke Frau immer noch in der „schönsten Bergwand ihres Lebens", die sie bezwungen hat, was damals ein wunderbares Lebensgefühl bewirkte, das sie zur Zeit in der Imagination wieder erfahren kann. Bei vielen Menschen entwickeln sich aus diesen „guten Orten" heraus weiterführende Imaginationen, ganze vorgestellte Geschichten.

Andere Menschen brauchen mehr Anstöße. Es gibt Bilder, die eine ichstabilisierende Wirkung haben, dazu gehört der gute Ort, oft ist es auch ein Baum, sind es Vorstellungen von einem Helfer oder einer Helferin usw. Nun kann man einen Menschen bitten, sich an einen Baum zu lehnen, die Gegend anzusehen und zu schauen, wer oder was in ihrer Imagination auf sie zukommt. Das können dann durchaus reale Gestalten aus dem eigenen Umfeld sein, die zu einer Auseinandersetzung oder Klärung anregen, es können aber auch die Helfer und Helferinnen in der eigenen Seele auftauchen.

Ich habe festgestellt, daß bei all den Personen, die einen eher schwierigen Zugang zu Imaginationen hatten, ich sie jeweils durch verschiedene Bilder führte in einer sogenannten angeleiteten Imagination, beginnend bei einem guten Ort und anderen Vorstellungen, die ihre Eigenaktivität betonten und in der Vergangenheit lustvoll erlebt wurden: wie etwa Tennis spielen, durch einen Bergbach waten, im Meer mit den Wellen kämpfen usw. Dann ging es weiter zu Imaginationen, die Begegnungen ermöglichten. Die Themen selber entnehme ich wenn möglich den Träumen und den Erzählungen der Personen selbst, ich füge aber auch Bilder ein, von denen bekannt ist, daß sie eine stabilisierende (z. B. Baum) oder eine dynamisierende Wirkung (z. B. Wasser) haben.[66]

Diese Abfolge der Imaginationen werden wie ein Ritual immer wieder eingestellt, bis die jeweilige Person die Freiheit hat, auch die Themen ihrer Imagination selber zu bestimmen. Natürlich werden diese selbstgewählten Themen auch mitbestimmt durch diese fast rituellen Vorübungen.

Im Rahmen der Imagination halte ich nicht viel von kämpferischen Aktionen gegen den Krebs. Ich halte wesentlich mehr davon, sich Wohlbefinden vermitteln zu können, emotionale Erfahrungen verarbeiten zu können und die Erfahrung der möglichen Selbstkontrolle zu verstärken. Dabei erfährt man ganz konkret, daß es helfende Gestalten in der eigenen Psyche gibt und daß man in einer so schwierigen Lebenssituation mütterlich mit sich umgehen muß. Jetzt kann man sich getrost mit den Problemen konfrontieren, die sich aufdrängen.

Eine andere wesentliche Ressource, die allerdings auch nicht ohne die Imagination auskommt, ist Freude aufzufinden. Wenn wir uns freuen, dann erleben wir selbstverständliches Selbstvertrauen, Bedeutsamkeit, auf der wir nicht beharren müssen. Offenheit und die Möglichkeit des Sich-Öffnens. Das alles erfüllt mit Vitalität und aktiviert das Selbstgefühl, die Kompetenz zu haben, mit dem Leben umgehen zu können. In der Freude spüren wir neue Lebensenergie. Und diese Energie ergibt wiederum, daß wir den Menschen nahe sein möchten, daß wir teilen möchten, daß wir den Mut finden, miteinander Lösungen zu erproben.

In der Freude, einer der sogenannten gehobenen Emotionen[67], erleben wir die Fülle des Daseins, erleben wir Vitalität, Energie, Körperlichkeit, Verbundenheit mit anderen Menschen, wir erleben Selbstsein in der Selbstvergessenheit, erleben Hoffnung neu. Wir erleben, daß es in jedem Menschenleben, so schwierig es auch sein mag, Oasen der Freude gibt, die in der Erinnerung auch wieder Freude zurückbringen. Und dieses Erleben von Freude bringt eine Stabilisierung des Selbstwerts.[68]

Freude erlaubt uns das Erleben von einer sicheren Identität, von mehr Mut zur kreativen Gestaltung des Lebens, von weniger Angst vor Fremden und Fremdem, von weniger Destruktivität, von mehr Solidarität und Verbundenheit:

Freude ist wirklich eine Emotion auch für schwierige Zeiten. Es ist eine nicht zu unterschätzende Ressource, zudem ökologisch ganz und gar unbedenklich: Sie zerstört nichts und wird nicht weniger, sondern mehr, wenn wir sie teilen. Meistens teilen die Menschen in der Krise einem auch beiläufig mit, was ihnen früher Freude gemacht hat und daß sie diese Freude jetzt schmerzlich vermissen. Diesen Freuden kann man sich etwas systematischer zuwenden, indem man fragt, was denn im Laufe des Lebens Freude ausgelöst hat. Auch hier geht es nicht um Information, sondern es geht um das Erzählen von Geschichten, die durchaus nicht lang sein müssen. Da erzählt eine Frau, wie sie um eine besondere Blume in ihrem Garten gerungen hat und welche Freude in ihr hochkam, als sie diese endlich zum Blühen brachte. Und sie beschreibt die Freude als das Aufsteigen von diesem warmen Gefühl aus der Magengegend, das sie ganz gewärmt hatte, sie beschwingt hatte und sie dazu brachte, laut die ganze Familie zusammenzurufen. „Noch heute sehe ich mich, wie ich ein wenig stolz, triumphierend, voll Freude mit strahlenden Augen meinem Mann und den beiden Söhnen, die gerade anwesend waren, die Blume gezeigt hatte."

Freude erfahren wir im Augenblick, wenn diese Freude ausgelöst wird, wenn wir mehr erleben, bekommen oder erfahren, als wir erwartet haben. Freudige Situationen können wir aber in der Erinnerung, und das meint in der Vorstellung, immer wieder aufleben lassen, wenn wir sie in der Ursprungssituation wirklich emotional erfahren und zugelassen haben.

Auch kann man anregen nach den Freuden in der frühen Kindheit zu suchen, am besten noch vor der Schulzeit. Denn in dieser Zeit der Kindheit hat man die Freude noch nicht groß kontrolliert und sich noch hemmungslos an der Freude gefreut. Das wäre auch der Beginn der Rekonstruktion einer Freudenbiographie.[69] Natürlich ist es nicht sinnvoll, nach solchen Freuden zu fragen, wenn die betreffende Person aktuell in einer von großer Angst geprägten Krise steckt, man wird dann nach ihnen fragen, wenn es von ihr angeboten wird. Meistens geschieht das, indem die Abwesenheit von Freude thematisiert wird, aber auch im Zusammenhang mit dem Bilanzieren über das Leben.

## Die soziale Unterstützung als Ressource

„Das Wichtigste für mich ist, daß ich weiß, daß ich mich auf einige Menschen verlassen kann und daß die mir so weit als möglich meinen freien Willen lassen", so sagt eine 50jährige Krebskranke kurz vor ihrem Tod.

Was meint sie damit, daß sie sich auf einige Menschen verlassen kann?

„Daß sie dableiben, nicht flüchten, aber mir auch die Wahrheit sagen, auch wenn es ihnen zuviel wird."

Damit die soziale Zuwendung erhalten bleibt, ist es ganz wichtig, daß immer auch die Familie mitinformiert wird. Von der psychotherapeutischen Seite her entsteht immer einmal der Wunsch, daß der Patient oder die Patientin gern den Partner/die Partnerin oder die Kinder mitbringen möchte. Meistens geht es dann um ganz bestimmte Anliegen. Der Partner beklagt sich etwa darüber, daß er seinen anspruchsvollen Beruf weniger gut bewältigt als früher, weil er zu Hause belastet ist, statt daß man ihm – wie früher – alles aus dem Weg räumt. Die Partnerin versteht nicht, warum der

Mann plötzlich so passiv geworden ist, ist das etwa eine versteckte Aggression? Über diese Probleme, die der Kranke thematisiert, wird mit den Angehörigen gesprochen. Sie erfahren dabei, daß auch sie in einem bedeutsamen psychischen Prozeß stehen, daß eigentlich nicht einfach ein Mensch „Krebs hat", sondern daß das ganze Familiensystem davon betroffen ist, daß sich alle mit den Einschränkungen im täglichen Leben, mit der Angst vor dem Verlust usw. auseinandersetzen müssen, daß sich für alle das Leben verändert und daß niemand die Schuld daran trägt.

Es ist auch deutlich zu machen, wie wichtig es ist, daß die Angehörigen da sind, mitgehen und ihre eigenen Ängste aushalten. Um das zu können, brauchen auch sie eine Möglichkeit, sich auszusprechen, manchen helfen die sogenannten Angehörigengruppen. Wichtig ist, daß auch die Angehörigen wissen, wie sehr der Krebs die Beziehungen verändern kann, zum Guten hin, aber auch zum Schlechten hin – und dennoch sind sie mit ihrer ganzen sozialen Kompetenz und Hingabefähigkeit gefragt.

Das Umgehen mit der Krise und das finden der Ressourcen bewirkt, daß das Leben der Krebskranken etwas weniger von der Krankheit dominiert wird oder anders gesagt, daß sie leichter die Inseln, vielleicht auch die Oasen in ihrem Leben finden, trotz der Krankheit.

# Krisenbewältigung im Umgang mit Sterbenden

Menschen in einer existentiellen Krise können durch die Gespräche mit Betreuern und Betreuerinnen in die Lage versetzt werden, besser mit ihren vielfältigen Problemen und ihrer Trauer um das Leben umzugehen. Was bedeutet aber diese sehr belastende Begleitung für diejenigen Personen, die betreuen?

## Mögliche Reaktionen

Es gibt natürlich viele individuelle Formen der Reaktionen auf Krisen, je nach Persönlichkeit. Hier wird es jedoch um typische Reaktionen gehen. Typisch ist, daß die Angst, die Panik, die für den betreffenden Menschen mit der Krise verbunden ist, ansteckt. Das muß sich nicht im Erleben von konkreten Angstgefühlen zeigen, sondern zum Beispiel darin, daß ein Druck dahingehend entsteht, daß in ganz kurzer Zeit ganz viele Probleme (alle, die anstehen) gelöst werden sollten. Dem Lebensgefühl der Ohnmacht sollte irgendwie mit Allmacht begegnet werden, so jedenfalls wünscht es sich ein Mensch in der Krise. Und nicht selten wehren Betreuer und Betreuerinnen solch ein Gefühl der Ohnmacht mit Allmachtsphantasien ab: „Das werden wir ganz bald haben ..." Oder aber man neigt in einer solchen Situation

163

dazu zu bagatellisieren: Das hört sich dann wie ein Versuch des Trostes an: So schlimm ist das nun auch wieder nicht, es könnte noch viel schlimmer sein. Vieles, was wir üblicherweise „Trost" nennen, ist eine Form des Zudeckens. Damit kann aber der Mensch in der Krise nicht mehr zu seiner oder ihrer Angst stehen. Gerade das aber wäre notwendig, um herauszufinden, was denn in dieses Leben hinein will, was eine solche Angst auslöst, welche Entwicklungsnotwendigkeit hinter dieser Krise steht. Mit Krisen umzugehen, zu helfen, in einer Krisensituation etwas zu entbinden, heißt kurz gesagt, den Menschen in der Krise zu entängstigen. Dafür gibt es verschiedene Methoden, aber grundsätzlich geht es immer darum, diese Angst zu Wort oder zum Ausdruck kommen zu lassen, sie mit einem Menschen teilen zu können. Geteilte Angst ist meistens halbe Angst, vorausgesetzt, die andere Menschen können ihre Angst ebenfalls zulassen und mit ihr umgehen. Das kann auch so geschehen, indem man, wenn die Angst zu groß ist, einen Menschen beizieht, der sich in dieser Situation weniger ängstigt. Die betreuenden Menschen müßten mit sich selbst mindestens so empathisch sein, wie sie es mit den Menschen in der Krisensituation sind, und nicht einfach von sich verlangen, daß sie jede Situation ohne weiteres aushalten müssen. Es wird deutlich: Menschen in der Krise haben durchaus etwas von Betreuern und Betreuerinnen, wenn diese etwas von Krise und Umgang mit Angst verstehen. Doch gilt auch umgekehrt: Haben auch die Personen etwas davon, die einen Menschen in der Krise betreuen? Haben sie etwas außer der großen Anstrengung, die es bedeutet, jemandem zu helfen, eine Krisensituation zu bewältigen?

Ein erster Nutzen ist bereits oben beschrieben worden: Wer mit Krisen von anderen Menschen umgeht, erfährt zunächst, daß ganz eingeengte Lebenssituationen sich plötzlich wieder in erstaunlicher Weise – in oft auch nicht vorhergesehener Weise – öffnen, daß es so etwas wie schöpferische Einfälle und damit verbunden bedeutsame Veränderungen, Wandlungen gibt. Dieses Wissen kann sich auf das eigene Leben übertragen und einen vertrauensvolleren Lebensstil bewirken. Dann aber fordert der Umgang mit Krisen geradezu den guten Umgang mit der Angst heraus, und wenn es wirklich gut geht, lernt man, immer besser mit der Angst umzugehen.

Dieser Nutzen gilt nun im Umgang mit Krisen ganz allgemein. Was ist nun aber mit Krisenbewältigung im Umgang mit Sterbenden?

## Die extreme Lebenssituation

Wenn Menschen wissen, daß sie sterben werden, dann befinden sie sich in einer extremen Lebenssituation. Da sie das Leben in absehbarer Zeit verlieren werden, kann die Bedeutung dieses Lebens noch einmal aufscheinen. Solange wir weiterleben, ist unser Leben immer auch auf Korrigierbarkeit hin angelegt. Wir können unser Leben auch noch radikal verändern – zumindest denken wir so. Wenn wir sterben, wird das, was unser Leben war oder was wir für unser Leben gehalten haben, „festgeschrieben". Erinnerungen, Freuden, Leiden, Bewertungen des eigenen Lebens bekommen eine Endgültigkeit und damit auch ihre besondere Bedeutsamkeit. Sterbende sind in einer sehr bedeutsamen Phase ihres

Lebens. Sie lassen uns teilhaben an dieser letzten Auseinandersetzung, die oft von einer großen Ehrlichkeit, Echtheit und Intensität geprägt ist. Unsere Begleitung von Sterbenden muß allerdings sehr behutsam sein: Wir wissen letztlich nicht, was der Sinn dieser letzten Lebensstrecke für den Sterbenden ist. Er oder sie muß uns führen, Anteil nehmen lassen, wenn er oder sie das für richtig hält – und sonst müssen wir das Schweigen und unser Nichtwissen aushalten. Unsere Begleitung sollte auch nicht vom geheimen Triumph des oder der Überlebenden heimlich genährt sein; Dankbarkeit, bei einer äußerst existentiellen Situation dabei sein zu dürfen, soweit uns das der Sterbende oder die Sterbende erlaubt, wäre angebracht.

Begleiten in dieser Situation meint Anteil nehmen an den Gefühlen des sterbender Menschen: Gefühlsmäßig „da" sein, präsent sein. Es gilt viel auszuhalten, unter anderem auch, daß nur noch so wenig verändert werden kann. Die mögliche Entlastung für den sterbenden Menschen kommt aus der Erfahrung, daß die Gefühle, die in dieser Situation „zuvorderst" sind, mit einem anderen Menschen geteilt werden können und daß ein anderer Mensch auch physisch präsent ist.

## Was ist auszuhalten?

Viel ist in dieser Situation auszuhalten für den Betreuer oder für die Betreuerin. Wir werden mit unserer Sterblichkeit konfrontiert, möglicherweise auch mit dem Sterben „Vor der Zeit", mit einem Tod, den wir als „ungerecht" empfinden. Vielleicht trauern auch wir schon um den bevorstehenden Verlust dieses Menschen, wenn er oder sie uns sehr nah gestanden ist oder durch diese Begleitung zu einem nahen Menschen geworden ist.

Dann sind auch die Krisen im Trauerprozeß des sterbenden Menschen auszuhalten. Es ist damit zu rechnen, daß immer wieder – lauter oder leiser – die Trauer um den unabwendbar scheinenden Verlust des Lebens aufbrechen wird. Das Zulassen der verschiedenen Gefühle der Trauer führt zu einem Trauerprozeß mit einem relativ typischen Verlauf, auch wenn natürlich jeder Mensch seinem oder ihrem Wesen gemäß Abschied nimmt und trauert.

Dieser Prozeß beginnt damit, daß man die Bedrohung nicht wahrhaben will. Man glaubt an alles Mögliche, nur nicht an den Tod, entschließt sich etwa zu besonderer Geschäftigkeit wider den Tod, flüchtet in Gemeinplätze wie etwa: Es müssen schließlich alle einmal sterben ... Wird dem Kranken doch bewußt – oft auch an den Tränen der Mitmenschen – daß er oder sie wirklich sterben könnte, dann brechen Gefühlsstürme auf: Wut, Angst, Gram, Sehnsucht, Schuldgefühle usw. Manchmal sind die Übergänge in diesen Trauerphasen ruhig, nicht selten aber stehen sie hinter bedeutenden Krisen, auch hinter Krisen mit Angehörigen, Ärzten und Ärztinnen, Pflegepersonal usw. Hier ist zu beachten, daß das, was eine Krise auslöst, nicht unbedingt wirklich das Thema der Krise, die Entwicklungsanforderung, die in der Krise steckt, sein muß. Es gilt herauszuarbeiten, was denn wirklich hinter einer Krise steht, und das sind in dieser Situation Trauerreaktionen. Die gilt es dann zu entbinden. In der Phase der aufbrechenden Gefühlsstürme kann ein anderer Mensch sehr hilfreich sein kann: Die Gefühlsstürme müsse ausgehalten werden, nicht beschönigt, nicht kritisiert. Dabei sein, dabei bleiben, mitgehen, wenn die verschiedenen Emotionen den Kranken erschüttern, das ist gefragt. In der eigenen Haltung zu erkennen geben, daß alle Gefühle, die erlebt werden, wichtig und angebracht sind. Das ist viel leichter gesagt als getan. Wie halten wir zum Beispiel heftige Wutanfälle gegen das Schicksal aus? Wie etwa die anklagenden Fragen. Warum ich? Warum gerade ich? Wie die Frage, ob denn dieses Leben überhaupt einen Sinn habe? Wie den Entschluß, alles für sinnlos zu erklären? Am ehesten gelingt uns das, wenn wir uns klar machen, daß diese Emotionsausbrüche die Realität des Erkrankten sind, die auf gar keinen Fall wegerklärt werden darf, daß aber andererseits, und darüber haben wir zu schweigen, für uns im Moment auch noch ganz andere Antworten gelten. Werden wir nach diesen unseren Antworten gefragt, so können wir sie mitteilen, sie beanspruchen aber keine größere Gültigkeit als die Antworten des sterbenden Menschen.

In diesen Emotionsstürmen der Trauer – so sehr sie die begleitenden Menschen auch stören mögen, denn sie stellen sich vielleicht vor, einen friedlichen Lebensrückblick mit ermöglichen zu helfen – ist der erkrankte Mensch sehr bei sich, kann sich selbst sein, möglicherweise zum ersten Mal im Leben.

Die Möglichkeit, sich diesen Gefühlsausbrüchen zu überlassen, die Ermutigung (nicht die Forderung!), sie zuzulassen, bringt die sterbenden Menschen in die Lage, sich mit dem Leben zu befassen, das sie hinter sich lassen – und mit der kleinen Zeit, die sie noch vor sich haben. Auch wenn wir erwarten, daß die sterbenden Menschen sich nun über ihr Leben Gedanken machen, so gibt es immer auch die, die sich fast ausschließlich mit der kleinen Zukunft beschäftigen, die sie noch haben, und die sie noch möglichst sinnvoll und befriedigend gestalten wollen.

Interessiert zuzuhören, wenn die Kranken aus ihrem Leben erzählen, Bilanz ziehen, sich auf ihr Leben hin befragen, sich rückwirkend Veränderungen wünschen oder ihr Leben akzeptieren, wie es war, vielleicht sogar stolz beschreiben, bewirkt, daß die Kranken noch einen Zeugen oder eine Zeugin haben für das, was sie an ihrem Leben für wesentlich halten. Das wird allerdings nur geschehen, wenn ein Vertrauensverhältnis entstanden ist, und man die Idee opfert, sich gegenseitig schonen zu müssen. Das würde bedeuten, daß man sich gerade in dieser letzten Phase gegenseitig um größte Nähe und mögliche Aufarbeitung von Problemen bringt. Diese Phase der Besinnung, in der auch die Klärung von Beziehungen möglich ist, in der man sich gegenseitig mitteilen kann, was man einander bedeutet hat, kann darin münden, daß Menschen einverstanden werden mit sich und ihrem Leben, daß ihnen gewisse noch ausstehende Erfahrungen zu machen noch sehr wichtig ist, sie kann aber auch dazu führen, daß Menschen spüren, wie unversöhnt sie mit sich und ihrem Schicksal sind.

Kann der Betreuer oder die Betreuerin dieses Unversöhnte, Unversöhnliche akzeptieren, kann es oft auch der Kranke oder die Kranke.

Letztlich gilt es, die zunehmende Schwäche zu akzeptieren, da zu sein, ohne etwas zu wollen, als Mensch anwesend zu sein, die Berührungen zu geben, die vom Sterbenden gewünscht und vom Begleiter oder der Begleiterin gegeben werden können. Vorlesen, das Erleben der Stimme eines Menschen kann dem Sterbenden das Gefühl geben, nicht allein zu sein. Letzte weltanschauliche Fragen können gestellt werden, Antworten können ausgetauscht werden im Wissen darum, daß jeder Mensch seine eigenen Antworten in letzten Fragen hat.

Krisen können in allen Phasen entstehen, immer dann, wenn wir etwas nicht akzeptieren können, wenn wir in dieses schrittweise Abschiednehmen nicht einwilligen können. Die Krisenbewältigung besteht darin, die Krise wahrzunehmen als eine bedeutungsvolle Situation, nicht einfach als zusätzliche Schwäche.

Krisenbewältigung besteht weiter darin, daß die Gefühle, meistens die Angstgefühle, aufgenommen werden und dem Sterbenden damit die Möglichkeit gegeben wird, die Einengung, die sich auch auf die Beziehungen zu Angehörigen, Pflegepersonal und Ärzten beziehen kann, wieder aufzuheben. Eine Krise ist dann bewältigt, wenn die Panik – oder die Versteinerung – gewichen ist, der ruhige Gang der Gedanken und Gefühle wieder möglich ist. Oft genügt ein konzentriertes Zuhören und die Emotionen aufnehmen, und dem Menschen das Gefühl zu geben, daß er oder sie nicht allein ist.

## Was könnten die Chancen sein?

Es wäre gut, wenn eine Krisenfreundlichkeit entstehen könnte, die den Umgang mit den eigenen Krisen erleichtert; Vertrauen ins Leben und Umgang mit der Angst könnten gelernt werden. Es könnte gelernt werden, immer wieder Abschied zu nehmen, abschiedlich zu leben. Dies wäre eine sehr kreative Lebensform.

Die Krisen der Sterbenden markieren wichtige Wegmarken in Ablöseprozessen: das Verleugnen der Notwendigkeit, Abschied zu nehmen, schließlich das Akzeptieren, verbunden mit vielen verschiedenen Gefühlen. Da könnte man dazu angehalten werden, eigene Verleugnungsstrategien zu durchleuchten, aber auch, die eigenen Gefühle wahrzunehmen und auszudrücken, dies auch schon, bevor man in einem großen Trauerprozeß steht, und das hieße auch, mehr echt zu sein, immer mehr bei sich zu sein. Man kann als Betreuer oder Betreuerin aber gerade auch in das Gegenteil verfallen, alle Gefühle abwehren. Das Erinnern und Wertschätzen dessen, was war, ist zunächst meistens mit Wut verbunden. Wenn diese Wut zugelassen wird, kann sie in Dankbarkeit münden. Dieser Prozeß könnte lehren, wie Abschiede von Lebenssituationen aussehen könnten, ohne daß man sich nur beraubt vorkommt.

Allgemeiner gesagt: Von all den Krisen wird man auch etwas angesteckt – man wird sich also um letzte Fragen, um Fragen nach dem Sinn des Lebens, nicht drücken können, so wenig wie um Themen der Vergänglichkeit und den daraus folgenden Konsequenzen. Ein emotionales Umgehen mit diesen Themen müßte helfen, das eigene Leben bewußter zu leben, es könnte kostbarer werden.

Der Umgang mit den Krisen der Sterbenden kann jedoch umgekehrt auch dazu führen, daß wir alle diese Themen abwehren müssen bis dahin, daß wir eine kalte, fast zynische Haltung einnehmen müssen, weil wir sonst diese emotionalen Turbulenzen nicht auch noch verkraften.

Was entscheidet letztlich darüber, ob wir aus diesen Krisen lernen, selber krisenfreundlich, kompetent im Umgang mit Krisen, emotional echter und vertrauensvoller zu werden, uns letzte Fragen zu stellen wagen oder ob wir abwehren müssen, die Arbeit dann wohl auch vornehmlich unter dem Aspekt der Belastung sehen?

Neben individuellen Faktoren spielt vor allem eine Rolle, ob auch Muße vorhanden ist, Zeit zum Nachfühlen, Zeit, um das Erlebte zu verarbeiten, und ob eine andere Person da ist, die die Emotionen aufnimmt, ohne sie zu schönen. Fehlt die Muße und fehlen Menschen, die allenfalls auch einmal eine Krisenintervention machen, dann könnten die Chancen bald einmal auch keine Chancen mehr sein.

# Schlußbemerkungen

Es ist immer wieder auffallend, daß sowohl beim Erleben von Krisen als auch beim Umgang mit Krisen der habituelle Selbstwert, das Selbstwerterleben, das wir „normalerweise" haben, eine wichtige Bedeutung hat. Doch auch das jeweils aktuelle Selbstwerterleben spielt eine Rolle. Bei einem habituell hinreichend guten Selbstwertgefühl mag eine körperliche Krankheit den Selbstwert momentan oder auch dauerhafter beeinträchtigen, die Wahrscheinlichkeit, mit einem hinreichend guten Selbstwertgefühl aber mit Schicksalsschlägen oder traumatisierenden Erfahrungen besser umgehen zu können, ist größer. Das habituelle und das aktuelle Selbstwerterleben entscheiden wesentlich darüber, ob sich ein Problem zu einer Krise auswächst, ob eine Krise, zum Beispiel eine Verlustkrise, als traumatisch erlebt wird und wie dann damit umgegangen werden kann, ob sie zu einer posttraumatischen Belastungsstörung wird oder zu einem wichtigen Lebensereignis, das für die eigene Identität besonders bedeutsam ist.

Worüber wir ganz allgemein im Zusammenhang mit der Kompetenz bei Lebensübergängen, Zäsuren und Krisen immer mehr nachdenken müssen, ist also die Frage, wie das Selbstwertgefühl der Menschen ganz generell stabilisiert werden kann. Das Selbstwerterleben des Menschen ist leicht zu beeinflussen, mehr allerdings zum Schlechten als zum

## Schlußbemerkungen

Guten hin. Beim Selbstwerterleben geht es einmal darum, was wir an Erfahrungen in dieser Beziehung aus der Kindheit und dem späteren Leben mitbringen. Sind wir es zum Beispiel gewohnt, daß unsere Vorschläge beachtet werden, daß wir verwirklichen können, was wir uns vornehmen, haben wir ein besseres Selbstwertgefühl.

Haben wir uns altersgemäß aus den Elternkomplexen und damit meistens auch den Autoritätskomplexen abgelöst und damit auch Verantwortung für das eigene Leben übernommen, ist unser habituelles Selbstwertgefühl ebenfalls besser. Das Bewußtsein unserer Kompetenzen und die Überzeugung, Leben gestalten zu können, nicht einfach Opfer der Umstände zu sein, verbessert ebenfalls das Selbstwertgefühl.[70] Dazu gehört, daß wir für uns selbst eintreten können, daß wir einen Zugang zur Aggression (nicht zu verwechseln mit Destruktion) haben.[71] Die Frage nach der alltäglichen Stabilisierung des Selbstwertgefühls ist eine sehr wichtige Frage, denn davon hängt letztlich der Umgang mit Angst und Aggression ab, davon hängt auch ab, ob wir den Anforderungen an eine flexible Identität genügen können. Und Psychologinnen und Psychologen, Psychotherapeutinnen und Psychotherapeuten werden in einfachen, praktikablen Konzepten dies immer wieder sagen und schreiben müssen. Es geht dabei nicht primär darum, daß vergangene Probleme aufgearbeitet und dann „vergessen" werden können. Darum kann es durchaus auch gehen, es ist aber nicht das, was in diesem Zusammenhang wichtig ist. Wichtig sind mir einfache Hinweise darauf, wie die Selbstregulierung des Selbstwertgefühls des einzelnen im Alltag in einer guten Weise unterstützt werden kann. Das bedeutet zunächst einmal, Menschen darauf hinzuweisen, daß sie eine große Kompetenz haben. Diese kann ihnen bewußt werden, wenn etwa gefragt wird, was sie denn alles tun, um sich besser zu fühlen. Oder: in welchen Situationen sie ein selbstverständliches Vertrauen ins Leben spüren, ein selbstverständliches Selbstvertrauen. In diesen Fragen bzw. den Antworten darauf eröffnet sich, wie ein Mensch üblicherweise sein Selbstwertgefühl reguliert.

Als weitere Aspekte zu nennen und zu beachten wären etwa die Wertschätzung und das Bewußtwerden der Erfahrung der gehobenen Emotionen. Wenn wir uns freuen, haben wir ein selbstverständliches Selbstvertrauen, sind einverstanden mit uns selbst, mit der Welt, wesentlich weniger ängstlich gestimmt. So wäre es sinnvoll, auch einmal die Freudenbiographie zu rekonstruieren anstelle der Traumabiographie, uns also die Frage zu stellen, was uns in unserem Leben schon alles Freude gemacht hat und wo diese Freuden allenfalls geblieben sind.[72] Den eigenen wirklichen Interessen folgen zu dürfen, diese gestalten zu dürfen, macht Menschen lebendiger und verbessert ebenfalls das Selbstwertgefühl. Ein besseres Selbstgefühl und damit Selbstwertgefühl entsteht auch, wenn wir uns um emotionale Echtheit bemühen. Das bedeutet, die Emotionen auszudrücken, die wir wirklich haben, und diese nicht bis zur Unkenntlichkeit zu kontrollieren. Es kann auch bedeuten, dem Erwartungsdruck von außen nicht zu entsprechen: etwa wenn von uns Emotionen erwartet werden, die wir einfach nicht haben.

Zu einem guten Selbstwertgefühl trägt auch ein gekonnter Umgang mit Abwertung durch andere und Mißerfolge bei, was unter anderem auch von unseren Erwartungen abhängt. Erwarten wir, daß ein Leben ohne Mißerfolge gelebt, ohne größere Kränkungen abläuft, dann werden wir uns bei Mißerfolgen zerstört fühlen. Wissen wir aber, daß das Leben eine

## Schlußbemerkungen

Kette von Erfolgen und Mißerfolgen ist, denn oft ist im nachhinein gar nicht mehr so richtig auszumachen, ob ein Mißerfolg nicht die Vorstufe zu einem großen Erfolg war und umgekehrt – dann können wir besser mit Mißerfolgen umgehen, wir nehmen sie uns weniger übel, lernen daraus, was zu lernen ist, und machen weiter.

Der Umgang mit dem Selbstwertgefühl ist aber auch ein Problem des alltäglichen Miteinanders, letztlich sogar ein gesellschaftliches Problem. Das heißt, wir müßten auch enttarnen, wie im alltäglichen Miteinander das Selbstwertgefühl immer wieder destabilisiert wird. Wir wissen, Kränkungen, besonders willkürliche, beabsichtigte, Herbabsetzungen, auch die einer ganzen Menschengruppe, Ausgrenzungen usw. beeinträchtigen das Selbstwertgefühl. Der alltägliche Umgang von Menschen miteinander müßte auf dieses Verhalten hin sensibilisiert werden. Geben wir den Mitmenschen die Akzeptanz, die wir uns für uns selbst wünschen? Begegnen wir uns mit dem Respekt, der einem Menschen gebührt? Interessieren wir uns zumindest für einige andere Menschen? Oder geben wir nur vor, uns zu interessieren? Fehlendes oder vorgetäuschtes Interesse kränkt uns sehr in unserem Selbstwertgefühl. „Du interessierst mich nicht", verbal, in der Körperhaltung oder in Handlungen ausgedrückt, ist eine der größten alltäglichen Kränkungen, die Menschen einander zufügen können. Dominanzgebaren verlangt vom dominierten Menschen Unterwerfung, Unterwerfung ist in einer Zeit, in der man nicht mehr daran glaubt, daß es Schicksal ist, ob einer oben oder unten ist, kränkend. Jeder Mensch muß das Recht auf Respekt haben, es muß das Gesetz der unverletzbaren Intersubjektivität gelten.[73] Und dann geht es auch darum, daß wir aus einer Kultur der Rivalität zu einer Kultur

## Schlußbemerkungen

der Solidarität hin uns bewegen würden[74], nicht mehr nur rivalisieren miteinander, sondern sich auch freuen miteinander.

Die zivilisatorische Schlüsselqualifikation des Umgangs mit Angst, Unsicherheit und Krisen erfolgt von vielen Perspektiven: Es ist nicht anzunehmen, daß in Zukunft die Menschen weniger Angst haben werden, weniger Krisen, persönliche und gesellschaftliche erleben werden und mit weniger Streß umgehen müssen, eher das Gegenteil ist zu erwarten. Also ist es Zeit, sich mehr Kompetenz im Umgang mit Angst, Krisen und Streß anzueignen. Dabei kann es nicht nur um Verhaltensprogramme gehen, es geht auch ganz wesentlich darum, daß wir unsere Innenwelt mit den Ressourcen und den Hemmungen wieder ernst nehmen und den Umgang damit üben.

# Danksagung

Ich bedanke mich herzlich bei all den Menschen, die mich immer wieder an dem Thema von möglicher Wandlung, von Übergängen, Krisen und schöpferischen Prozessen haben teilhaben lassen.

Ganz besonders danken möchte ich jenen, die mir erlaubt haben, etwas aus ihrer Geschichte in diesem Buch als Beispiele anzufügen.

Ganz herzlich bedanken möchte ich mich wiederum bei Karin Walter für die gute, inspirierende Zusammenarbeit.

*Verena Kast*

# Anmerkungen

1 Dem ersten Teil dieses Buches liegt ein Vortrag zugrunde, der am 26.11.1997 in der Vorlesungsreihe „Wiener Vorlesungen im Rathaus" gehalten wurde und in dieser Form auch publiziert wurde: Kast, Verena (1998) Zäsuren und Krisen im Lebenslauf. Wiener Vorlesungen. Picus, Wien
2 Beck Ulrich (1995) Eigenes Leben. Ausflüge in die unbekannte Gesellschaft, in der wir leben. Beck, München 10 ff.
3 Jung Carl Gustav, Die Psychologie der Übertragung. In GW 16, § 445, Walter, Olten
4 Kast Verena (1996) Vom Sinn der Angst. Herder, Freiburg
5 Beck, S. 111
6 Caplan G. (1964) Principles of Preventive Psychiatry. Tavistock Publications, London
7 Siehe Kast Verena (1987) Der schöpferische Sprung. Vom therapeutischen Umgang mit Krisen. Walter, Olten
8 Riedel Ingrid (1998) Träume als Wegweiser in neue Lebensphasen. Kreuz, Stuttgart
9 Kast Verena (1987) Der schöpferische Sprung
10 Erdheim Mario. Wie familiär ist der Psyche das Unbewußte. In: Christa Rohde-Dachser (1990) Zerstörter Spiegel, Vandenhoeck & Ruprecht, S. 17 ff.
11 Kast Verena (1990) Die Dynamik der Symbole, Walter, Olten, S. 67 ff.
12 Kast Verena (1984) Familienkonflikte im Märchen. Walter, Olten S. 61 ff.
13 Kast Verena (1994) Vater-Töchter, Mutter-Söhne: Wege zur eigenen Identität aus Vater- und Mutterkomplexen. Kreuz, Stuttgart

## Anmerkungen

14 Taylor, Shelley E. (1993) Positive Illusionen. Produktive Selbsttäuschung und seelische Gesundheit. Rowohlt, Reinbek
15 Aus: Brüder Grimm, Kinder- und Hausmärchen, Winkler Weltliteratur, München 1949. Vgl. auch Kast Verena (1984) Familienkonflikte im Märchen. Walter Olten, S. 104–130
16 Arnold van Gennep (1986) Übergangsriten. Campus, Frankfurt, New York.
17 van Gennep
18 Kast Verena (1998) Das Mädchen ohne Hände. In: Vom gelingenden Leben. Walter, Zürich, Düsseldorf, S. 47 ff.
19 Kast Verena (1998) Das Wasser des Lebens, das Wasser der Schönheit und das Buch der Jugend. In: Vom gelingenden Leben, S. 77 ff.
20 Kast Verena (1998) Der Teufel mit den drei goldenen Haaren. In: Vom gelingenden Leben, S. 13 ff.
21 Kast Verena (1992) Der grüne Ritter. In: Liebe im Märchen, Walter, Olten, S. 52 ff.
22 Kast Verena (1998) Vom gelingenden Leben. Märcheninterpretationen. Walter, Zürich, Düsseldorf.
23 Jung Carl Gustav, Symbole der Wandlung, in GW 5, S. 383, § 457 „Der junge Persönlichkeitsteil, der am Leben verhindert und zurückgehalten wird, erzeugt Angst und verwandelt sich in Angst."
24 Luc Ciompi (1977) Gedanken zu den therapeutischen Möglichkeiten einer Technik der provozierten Krise. Psychiatrica clin. 10:96–101
25 Siehe Kast Verena (1982) Trauern. Phasen und Chancen des psychischen Prozesses. Kreuz, Stuttgart
26 Kast Verena (1996) Vom Sinn der Angst. Herder, Freiburg
27 Kast Verena (1999) Der Schatten in uns. Die subversive Lebenskraft. Walter, Zürich, Düsseldorf
28 Kast Verena (1982) Trauern. Phasen und Chancen des psychischen Prozesses. Kreuz, Stuttgart; Kast Verena (1994) Sich einlassen und loslassen. Neue Lebensmöglichkeiten bei Trauer und Trennung. Herder Spektrum, Freiburg
29 Kast Verena (1991) Loslassen und sich selber finden. Die Ablösung von den Kindern, Herder Spektrum Freiburg

## Anmerkungen

30 Kast Verena (1987) Der schöpferische Sprung. Vom therapeutischen Umgang mit Krisen, Walter, Olten
31 Kast Verena (1984) Paare. Beziehungsphantasien oder Wie Götter sich in Menschen spiegeln. Kreuz, Stuttgart
32 Kast Verena (1998) Vom Sinn des Ärgers. Kreuz, Stuttgart
33 Erweiterte Fassung des Kapitels „Wechseljahre – Wandeljahre" in Kast Verena (1996). Sich wandeln und sich neu entdecken. Herder Spektrum Freiburg
34 Kast Verena (1998) Abschied von der Opferrolle. Herder Freiburg
35 Meili-Lüthi Elisabeth (1982) Persönlichkeitsentwicklung als lebenslanger Prozeß. Lang Bern, S. 111 ff.
36 Lidz Theodor (1970) Das menschliche Leben. Die Entwicklung der Persönlichkeit im Lebenszyklus. Suhrkamp, Frankfurt S. 632
37 Pongratz Ludwig J. (1961) Psychologie menschlicher Konflikte. Hogrefe, Göttingen
38 Kernberg Otto (1988) Innere Welt und äußere Realität. Verlag Internationale Psychoanalyse, München, Wien, S. 137 ff.
39 Sies Claudia, Nestler Veronica (1992) Soll und Haben. Die Wechseljährige zwischen Illusion und Wirklichkeit. In: Psyche 4, 46, S. 366–387
40 Wenderlein, JM. (1977) Psychologische Aspekte bei der Hormonsubstitution im Klimakterium. In: Zander J./Goebel R. (Hrsg.): Psychologie und Sozialmedizin in der Frauenheilkunde. Springer, Berlin, Heidelberg
Lehr Ursula (1983) Klimakterium – sozialpsychologische Aspekte. In: Richter Dieter/Stauber Manfred (Hrsg.): Psychosomatische Probleme in Geburtshilfe und Gynäkologie. Kehrer, Freiburg. Greenglass Esther, E (1986) Geschlechterrolle als Schicksal. Klett-Cotta, Stuttgart, S. 234 ff.
41 Kast Verena (1991) Loslassen und sich selber finden. Die Ablösung von den Kindern. Herder Spektrum
42 Kast Verena (1996) Neid und Eifersucht. Die Herausforderung durch unangenehme Gefühle. Walter, Zürich und Düsseldorf
43 Kast Verena (1994) Vater-Töchter, Mutter-Söhne. Wege zur eigenen Identität aus Vater- und Mutterkomplexen. Kreuz, Stuttgart
44 Kast Verena (1992) Die beste Freundin. Was Frauen aneinander haben. Kreuz, Stuttgart

## Anmerkungen

Flaake Karin, King Vera (Hrs) (1992): Weibliche Adoleszenz. Zur Sozialisation junger Frauen. Campus, Frankfurt/M
45 Kast Verena (1991) Loslassen und sich selber finden
46 Hancock Emily (1989) In Flaake und King, S. 70 ff.
47 Hagemann-White Carol (1992), in: Flaake/King, S. 64–83
48 Kast Verena (1992) Die beste Freundin
49 Kast Verena (1998) Abschied von der Opferrolle. Herder, Freiburg
50 Riedel Ingrid, Träume als Wegweiser in neue Lebensphasen
51 Kast Verena (1995) Die Nixe im Teich. Gefahr und Chance erotischer Leidenschaft. Kreuz, Stuttgart
52 Kast Verena (1998) Vom Sinn des Ärgers. Kreuz, Stuttgart
dies. (1998) Abschied von der Opferrolle. Herder, Freiburg
53 Kast Verena (1998) Vom Sinn des Ärgers. Kreuz, Stuttgart
54 Kast Verena, Paare
55 Kast Verena, Abschied von der Opferrolle
56 Kast, Vom Sinn des Ärgers
57 Vgl. Martin Gerhard M. (1997) Provozierte Krisen, Rituale in Religion und Gesellschaft. In: Egner H. (Hg) Leidenschaft und Rituale. Walter, Zürich, Düsseldorf
58 Picardie Ruth (1999) Es wird mir fehlen, das Leben. Rowohlt, Hamburg, S. 62
59 Bloch Ernst (1959) Das Prinzip Hoffnung. Suhrkamp, Frankfurt/Main, S. 162
60 Picardie Ruth, S. 155
61 Kast Verena, Familienkonflikte, S. 61 ff.
62 Kast Verena (1985) Wege zur Autonomie. Walter, Olten S. 126 ff.
63 Kast Verena (1998) Vom gelingenden Leben, S. 47 ff.
64 Kast Verena (1995) Die Nixe im Teich Kreuz, Zürich
65 Kast Verena (1988) Imagination als Raum der Freiheit. Walter, Olten
66 Kast Verena (1988) Imagination als Raum der Freiheit. Walter, Olten
67 Kast Verena (1991) Freude, Inspiration, Hoffnung. Walter, Olten
68 Kast Verena (1994) Lebensleidenschaft. In: Kast: Sich einlassen

## Anmerkungen

und loslassen. Neue Lebensmöglichkeit bei Trauer und Trennung. Herder Spektrum, Freiburg
69 Kast Verena (1991) Freude, Inspiration, Hoffnung. Walter, Olten
70 Kast Verena (1998) Abschied von der Opferrolle
71 Kast Verena (1998) Vom Sinn des Ärgers. Kreuz, Stuttgart
72 Kast Verena (1991) Freude, Inspiration, Hoffnung
73 Habermas Jürgen (1996) Die Einbeziehung des Anderen. Suhrkamp Frankfurt/Main, S. 19 ff.
74 Kast Verena (1992) Die beste Freundin. Kreuz, Stuttgart

# Literatur

Beck Ulrich (1995) Eigenes Leben. Ausflüge in die unbekannte Gesellschaft, in der wir leben. Beck, München
Bloch Ernst (1959) Das Prinzip Hoffnung. Suhrkamp, Frankfurt/Main
Caplan G. (1964) Principles of Preventive Psychiatry. Tavistock Publications, London
Ciompi Luc (1977) Gedanken zu den therapeutischen Möglichkeiten einer Technik der provozierten Krise. Psychiatrica clin. 10:96–101
Erdheim Mario. Wie familiär ist der Psyche das Unbewußte. In: Christa Rohde-Dachser (1990) Zerstörter Spiegel, Vandenhoeck & Ruprecht, S. 17 ff.
Flaake, Karin, King Vera (Hrsg) (1992): Weibliche Adoleszenz. Zur Sozialisation junger Frauen. Campus, Frankfurt/M
Greenglass Esther, E (1986) Geschlechterrolle als Schicksal. Klett-Cotta, Stuttgart
Habermas Jürgen (1996) Die Einbeziehung des Anderen. Suhrkamp, Frankfurt/Main
Jung Carl Gustav (1973) (1952) Symbole der Wandlung. GW 5, Walter, Olten
Jung Carl Gustav, Die Psychologie der Übertragung. In GW 16, § 445, Walter, Olten
Kast Verena (1996) Neid und Eifersucht. Die Herausforderung durch unangenehme Gefühle. Walter, Zürich und Düsseldorf
Kast Verena (1982) Trauern. Phasen und Chancen des psychischen Prozesses. Kreuz, Stuttgart
Kast Verena (1984) Familienkonflikte im Märchen. Walter, Olten
Kast Verena (1984) Paare. Beziehungsphantasien oder Wie Götter sich in Menschen spiegeln. Kreuz, Stuttgart
Kast Verena (1985) Wege zur Autonomie, Walter, Olten

## Literatur

Kast Verena (1987) Der schöpferische Sprung. Vom therapeutischen Umgang mit Krisen. Walter, Olten
Kast Verena (1988) Imagination als Raum der Freiheit. Walter, Olten
Kast Verena (1990) Die Dynamik der Symbole. Walter, Olten
Kast Verena (1991) Freude, Inspiration, Hoffnung. Walter Olten
Kast Verena (1991) Loslassen und sich selber finden. Die Ablösung von den Kindern. Herder Spektrum
Kast Verena (1992) Der grüne Ritter. In: Liebe im Märchen. Walter, Olten
Kast Verena (1992) Die beste Freundin. Was Frauen aneinander haben. Kreuz, Stuttgart
Kast Verena (1994) Sich einlassen und loslassen. Neue Lebensmöglichkeiten bei Trauer und Trennung. Herder Spektrum, Freiburg
Kast Verena (1994) Vater-Töchter, Mutter-Söhne: Wege zur eigenen Identität aus Vater- und Mutterkomplexen. Kreuz, Stuttgart
Kast Verena (1994) Lebensleidenschaft. In: Kast: sich einlassen und loslassen. Neue Lebensmöglichkeit bei Trauer und Trennung. Herder Spektrum, Freiburg
Kast Verena (1995) Die Nixe im Teich. Gefahr und Chance erotischer Leidenschaft. Kreuz, Stuttgart
Kast Verena (1996) Vom Sinn der Angst. Herder, Freiburg
Kast Verena (1998) Abschied von der Opferrolle. Herder, Freiburg
Kast Verena (1998) Das Mädchen ohne Hände. In: Vom gelingenden Leben. Walter, Zürich, Düsseldorf, S. 47 ff.
Kast Verena (1998) Das Wasser des Lebens, das Wasser der Schönheit und das Buch der Jugend. In: Vom gelingenden Leben, S. 77 ff.
Kast Verena (1998) Der Teufel mit den drei goldenen Haaren. In: Vom gelingenden Leben, S. 13 ff.
Kast Verena (1998) Vom gelingenden Leben. Märcheninterpretationen. Walter, Zürich, Düsseldorf
Kast Verena (1998) Zäsuren und Krisen im Lebenslauf. Wiener Vorlesungen. Picus, Wien
Kast Verena (1998) Vom Sinn des Ärgers. Kreuz, Stuttgart
Kast Verena (1999) Der Schatten in uns. Die subversive Lebenskraft. Walter, Zürich, Düsseldorf
Kernberg Otto (1988) Innere Welt und äußere Realität. Verlag Internationale Psychoanalyse, München, Wien

# Literatur

Lehr Ursula (1983) Klimakterium – sozialpsychologische Aspekte. In: Richter Dieter/Stauber Manfred (Hrsg.): Psychosomatische Probleme in Geburtshilfe und Gynäkologie. Kehrer, Freiburg

Lidz Theodor (1970) Das menschliche Leben. Die Entwicklung der Persönlichkeit im Lebenszyklus. Suhrkamp, Frankfurt

Martin Gerhard M (1997) Provozierte Krisen, Rituale in Religion und Gesellschaft. In: Egner H (Hg) Leidenschaft und Rituale. Walter Zürich, Düsseldorf

Meili-Lüthi Elinsabeth (1982) Persönlichkeitsentwicklung als lebenslanger Prozeß. Lang Bern

Picardie Ruth (1999) Es wird mir fehlen, das Leben. Rowohlt, Hamburg

Pongratz Ludwig J. (1961) Psychologie menschlicher Konflikte. Hogrefe, Göttingen

Riedel Ingrid (1998) Träume als Wegweiser in neue Lebensphasen. Kreuz, Stuttgart

Sies Claudia, Nestler Veronica (1992) Soll und Haben. Die Wechseljährige zwischen Illusion und Wirklichkeit. In: Psyche 4, 46, S. 366–387

Taylor, Shelley E. (1993) Positive Illusionen. Produktive Selbsttäuschung und seelische Gesundheit. Rowohlt, Reinbek

van Gennep Arnold (1986) Übergangsriten. Campus, Frankfurt, New York, Bibliographie

Wenderlein, JM. (1977) Psychologische Aspekte bei der Hormonsubstitution im Klimakterium. In: Zander H./Goebel R. (Hrsg.): Psychologie und Sozialmedizin in der Frauenheilkunde. Springer, Berlin, Heidelberg

## Das eigene Leben leben

Verena Kast
**Abschied von der Opferrolle**
Das eigene Leben leben
192 Seiten,
geb. mit Schutzumschlag
ISBN 3-451-26629-6

„Aus dem Bewußsein heraus, daß wir unser Selbstwertgefühl immer auch wieder regulieren können, ohne daß wir zu Agressoren oder Opfern werden müssen, können wir in einen Zirkel des Miteinander-Gestaltens eintreten" (Verena Kast).
Mit einem gesunden Selbswertgefühl wird es möglich, erstarrrte Positionen aufzugeben und das eigene Leben wirklich zu leben.
Eine spannende Lektüre für alle, die sich für zwischenmenschliche Beziehungen interessieren.
„Verena Kast hat mit diesem Buch einen spannenden und wichtigen Beitrag für die unumgängliche Konfrontation mit sich selbst geleistet" (INTRA).

**HERDER spektrum**

# Verena Kast

Verena Kast
**Vom Sinn der Angst**
Wie Ängste sich festsetzten und wie sie sich verwandeln lassen
Band 5525
Mit tiefenpsychologischem Scharfblick analysiert Verena Kast die Dynamik, die Angst zum lebensbestimmenden Element macht. Ein grundlegendes, gut zu lesendes Werk zur Thematik Angst.

Verena Kast
**Loslassen und sich selber finden**
Die Ablösung von den Kindern
Band 4910
Sich loslassen und sich als Erwachsene neu begegnen. Phasen und Chancen im Ablösungsprozeß von den Kindern.

Verena Kast
**Sich wandeln und sich neu entdecken**
Band 4905
Leben heißt: wachsen und sich neu entwickeln. Ein Aufbruch zu neuer Lebensleidenschaft.

Verena Kast
**Sich einlassen und loslassen**
Neue Lebensmöglichkeiten bei Trauer und Trennung
Band 4888
Den Blick nach vorn richten, eine neue Lebens-Leidenschaft entwickeln: Das sind Chancen, die das Leben auch im Loslassen reicher machen.

**HERDER spektrum**